全国工会工作指导用书

依据**中国工会十八大文件精神**组织编写

新时代 工会小组长 工作实务

（全新修订版）

赵振洲　杨　晶　刘璐璐◎编著

工会小组长
培训辅导教材

人民日报出版社

图书在版编目（CIP）数据

新时代工会小组长工作实务／赵振洲，杨晶，刘璐璐编著. --北京：人民日报出版社，2023.9

ISBN 978-7-5115-7986-7

Ⅰ.①新… Ⅱ.①赵…②杨…③刘… Ⅲ.①工会工作–基本知识–中国 Ⅳ.①D412.6

中国国家版本馆 CIP 数据核字（2023）第 178650 号

书　　名：新时代工会小组长工作实务
XINSHIDAI GONGHUI XIAOZUZHANG GONGZUO SHIWU

作　　者：赵振洲　杨　晶　刘璐璐

出 版 人：刘华新

责任编辑：刘天一　　周昕阳

封面设计：陈国风

出版发行：人民日报出版社

地　　址：北京金台西路 2 号

邮政编码：100733

发行热线：（010）65369527　65369846　65369509　65369510

邮购热线：（010）65369530　65363527

编辑热线：（010）65363105

网　　址：www.peopledailypress.com

经　　销　新华书店

印　　刷　北京柯蓝博泰印务有限公司

开　　本：170mm×240mm　　1/16

字　　数：220 千字

印　　张：14

版次印次：2024 年 5 月第 1 版　　2024 年 5 月第 1 次印刷

书　　号：ISBN 978-7-5115-7986-7

定　　价：69.80 元

前言
Preface

　　工会小组是工会的最基层组织，工会小组长是工会最基层组织的负责人。工会工作的根基在基层、在班组，因此，搞好基层工会小组工作，充分发挥工会小组长作用，对于搞活整个工会工作具有十分重要的意义。

　　发挥工会小组长的作用，就是要提高工会小组长的素质和能力。工会小组长只有不断加强学习，做学习型的工会小组长，才能胜任工会小组领导工作。为了帮助广大工会小组长较快提高自身素质和做好工会小组工作的能力，以适应新形势下工会小组工作的需要，我们编写了本书。

　　本书突出全国总工会对新形势下加强基层工会和工会小组工作的基本要求，密切联系工会小组长的工作实际和实践经验，分十二章对工会小组的性质、地位、作用、职责，工会小组长的领导方法与领导艺术，工会小组长应抓好的重点工作，以及工会小组长提高自身素质和维护自身合法权益等问题，作了系统的分析阐述，既具理论性，又具实用性和可操作性，适合工会小组长作培训和工作参考使用。

　　本书在编写过程中，参考了有关文章和资料，在此谨向相关作者致以诚挚的感谢。

目录
Contents

第九章　工会小组长自身素质的培养与提高

第十章　工会小组长自身权益的维护

第十一章　工会小组长应当具备的有关法律知识

第十二章　工会小组长应当具备的应用文写作知识

附　录

第一章
工会小组

　　工会小组是工会的最基层组织，是工会小组长产生和存在的基础，也是工会小组长施展才华、开展工作的舞台。要想当好工会小组长，首先就要搞清楚什么是工会小组，认识工会小组的职责与任务，积极努力做好工会小组工作。

第一节　工会的组织体制

中国工会十八大通过的《中国工会章程》总则规定："中国工会是中国共产党领导的职工自愿结合的工人阶级群众组织，是党联系职工群众的桥梁和纽带，是国家政权的重要社会支柱，是会员和职工利益的代表。中国工会以宪法为根本活动准则，按照《中华人民共和国工会法》和本章程独立自主地开展工作，依法行使权利和履行义务。"中国工会有着自己的组织原则、组织制度和组织体系，作为工会小组长，只有对中国工会的组织体制具有充分的了解，才能从更宏观、更深刻的层面上认清工会小组的性质、地位和作用，明确自身所应肩负的责任，更好地开展工会小组的工作。

（一）　工会的组织原则

1.《工会法》和《中国工会章程》中明确规定，工会的组织原则是民主集中制

民主集中制是党和国家的根本组织原则，也是工会组织和工会生活的基本准则。民主集中制原则，即民主基础上的集中和集中指导下的民主的结合与高度统一。民主集中制的民主，就是广大会员和工会组织意愿、主张的充分表达和积极性、创造性的充分发挥；民主集中制的集中，就是全会意志、智慧的凝聚和组织、行动的高度一致。民主和集中是相辅相成、内在统一的。一方面，工会的民主集中制具有更为广泛的民主性。在工会组织中，每个会员都是平等的，都有权利提出自己的意见和建议，工会组织的内部生活应该是充分民主的。另一方面，工会的民主集中制又强调必要的集中，因为发扬民主不是各执己见，各行其是，只有将每个人的意见集中起来，按照少数服从多数、个人服从组织的原则，才能形成统一的意

志和统一的行动。同时组织才能保障个人的正当民主权利，个人才能更好地履行对组织应尽的义务。民主和集中是辩证的统一，民主集中制原则体现了中国工会作为工人阶级群众组织的性质，体现了中国工会的根本特征，从制度上保障了工会组织的团结统一和不断发展壮大。

2.中国工会是按照民主集中制原则建立起来的有机整体，具有强大的组织优势

坚持实行民主集中制原则，就要从组织上切实保障会员的民主权利，拓宽工会的民主渠道，加强会员的民主参与，倾听会员意见、呼声，维护会员合法权益，使工会真正成为贴近会员群众、受到会员群众信赖的组织。同时，工会还必须实行集中统一领导，建立严密的组织体系，执行严格的组织纪律，增强凝聚力和吸引力，把广大会员群众紧紧团结在一起，确保党和国家方针政策的贯彻落实，切实承担起历史赋予的使命。

3.工会实行民主集中制的主要内容

（1）个人服从组织，少数服从多数，下级组织服从上级组织。工会的各级组织都是由会员或由他们选出的代表民主选举产生的；工会各级领导机关所进行的重大活动是由会员或他们选出的代表民主讨论，在集中多数人意见的基础上决定的，工会各级领导的权力是会员大会或会员代表大会授予的。因此，会员个人要服从多数的意见，要服从他所选出的各级组织，下级工会组织要服从上级工会组织的领导。在民主讨论中，会员个人有不同看法可以保留自己的意见，但要服从大多数的决定；下级组织对上级组织的决定有不同意见时，可以提出，但在上级组织没有改变之前，仍要贯彻执行。

（2）工会的各级领导机关，除它们派出的代表机关外，都由民主选举产生。这体现了会员是工会的主人，体现了会员的民主权利。各级工会都要按工会章程的规定，召开会员代表大会或会员大会，充分发扬民主，选出大家满意的人员组成领导机关。各级领导机关的候选人，要经过领导与群众相结合的充分协商确定。

（3）工会的最高领导机关，是工会的全国代表大会和它所产生的中华全国总工会执行委员会。工会的地方各级领导机关，是工会的地方各级代表大会和它所产生的总工会委员会。工会的全国代表大会享有工会的最高决策权、选举权和监督权，工会的各级地方组织和各产业工会组织的代表大会在各自所代表的工会组织范围内，享有相应的决策权、选举权、监督权，都具有相应的在民主基础上的权威性。

（4）工会各级委员会，向同级会员大会或者会员代表大会负责并报告工作，接受会员监督。会员大会和会员代表大会有权撤换或者罢免其所选举的代表和工会委员会组成人员。工会会员大会或会员代表大会具有决定工会重大问题的权威性，工会的各级委员会必须向会员大会或会员代表大会负责，接受会员的监督。

（5）工会各级委员会，实行集体领导和分工负责相结合的制度，凡属重大问题由委员会民主讨论，作出决定，委员会成员根据集体的决定和分工，履行自己的职责。工会的各级委员会是一个集体领导的组织，要发挥它集体领导的作用。集体领导就是要发扬民主，集中集体的智慧，实行比较全面、正确的领导，避免个人或少数人说了算；个人分工负责，就是要调动每个领导成员的积极性、主动性，在集体领导中负责做好分工的工作。既有集体领导，又有分工负责，就可以形成一个高效率的领导集体。

（6）工会各级领导机关，经常向下级组织通报情况，听取下级组织和会员的意见，研究和解决他们提出的问题。下级组织应及时向上级组织请示报告工作。保持上下级工会组织间信息交流渠道的畅通，形成上下级工会组织之间的互动，这既是工会内部实行民主的体现，也是保障工会组织和工会工作顺畅运行的必要条件。下情上达，可使上级组织了解下级组织和会员群众的愿望与要求，从实际出发作出正确决策，同时下级组织也可以及时得到上级组织的帮助指导，避免或减少失误。凡属应由上级组织决定的问题，必须向上级报告请示，不能自作主张，擅自处理；凡属应由下级组织处理的问题，上级也不应过多干预。要充分发挥下级组织的主动性和创造性，从实际出发，因地制宜地处理问题。

（二）工会的组织体系

中国工会是按照民主集中制和产业与地方相结合的原则组织起来的，

实行产业工会与地方工会双重领导的组织领导制度。产业与地方相结合，即同一企业、事业、机关单位的会员，组织在一个基层工会组织中；同一行业或性质相近的几个行业，根据需要建立全国的或地方的产业工会组织。产业工会与地方工会双重领导，是指除少数行政管理体制实行垂直管理的产业，其产业工会实行产业工会和地方工会双重领导，以产业工会领导为主外，其他产业工会均实行以地方工会领导为主，同时接受上级产业工会领导的体制。中国工会在组织上是统一的有机整体，它是由全国总工会、全国产业工会，地方总工会、地方产业工会，以及基层工会组织组成的完整的工会组织体系。

1.中华全国总工会

根据《中国工会章程》的规定，工会的全国代表大会和它所产生的中华全国总工会执行委员会是工会的最高领导机关。中国工会全国代表大会每五年举行一次，由中华全国总工会执行委员会召集。特殊情况下，由中华全国总工会执行委员会主席团提议，经执行委员会全体会议通过，可以提前或延期举行。中国工会全国代表大会的职权是：审议和批准中华全国总工会执行委员会的工作报告；审议和批准中华全国总工会执行委员会的经费收支情况报告和经费审查委员会的工作报告；修改《中国工会章程》；选举中华全国总工会执行委员会和经费审查委员会。

中华全国总工会执行委员会在全国代表大会闭会期间，负责贯彻执行全国代表大会的决议，领导全国工会工作。执行委员会全体会议选举主席一人、副主席若干人、主席团委员若干人，组成主席团。执行委员会全体会议由主席团召集，每年至少举行一次。执行委员会委员实行替补制。执行委员会闭会期间，由主席团行使执行委员会的职权。主席团下设书记处，由主席团在主席团成员中推选第一书记一人、书记若干人组成。书记处在主席团领导下，主持全国总工会的日常工作。

2.产业工会组织

产业工会全国组织的设立，由中华全国总工会确定，地方产业工会组织的设置则由同级地方总工会确定。产业工会全国委员会可以按照联合制、代表制原则组成，也可以由产业工会全国代表大会选举产生。产业工会每届任期五年。特殊情况下，经全国总工会批准，可以提前或者延期举行。

3.地方工会组织

各级地方工会代表大会和地方总工会委员会是各级地方工会的领导机关。各级地方工会代表大会由同级总工会委员会召集，每五年举行一次。特殊情况下，由同级总工会委员会提议，经上一级工会批准，可以提前或延期举行。各级地方工会代表大会的职权是：审议和批准同级总工会委员会的工作报告；审议和批准同级工会委员会的经费收支情况报告和经费审查委员会的工作报告；选举同级总工会委员会和经费审查委员会。在代表大会闭会期间，各级地方总工会委员会执行上级工会的决定和同级工会代表大会的决议，负责领导本地区工会工作，指导和促进本地区基层工会或产业工会开展工作，定期向上级总工会委员会报告工作。各级地方总工会委员会选举主席一人、副主席若干人、常务委员若干人，组成常务委员会。各级地方总工会委员会全体会议，由常务委员会召集，每年至少举行一次。各级地方总工会常务委员会在委员会全体会议闭会期间，行使委员会的职权。

县和城市的区可在乡镇和街道建立乡镇工会和街道工会组织，具备条件的，建立总工会。

乡镇、城市街道工会是适应我国乡镇和城市街道企业迅猛发展的实际需要，在推进新建企业工会组建中形成的具有特殊作用的一级工会组织。乡镇和城市街道总工会，是所辖区域内基层工会委员会联合组成的一级工会组织；人员由所辖区域内民主选举的基层工会委员会主要负责人和适当比例的有关方面代表组成。乡镇、城市街道总工会具有一级地方工会的领导职能，同时具有代行部分基层工会任务的职能，其主要职责是：负责所辖区域内新建企业工会组建工作；负责所属企业建立工会分会、工会小组和直接发展会员工作；指导企业基层工会开展工作，代表所辖区域内企业职工签订区域性集体合同；协调并直接参与处理所辖区域内劳动争议和劳资矛盾；承担工会经费收缴、上解、使用和管理等工作。

4.基层工会组织

（1）基层工会委员会是工会的基层组织，是工会组织体系的基础环节，也是落实工会各项任务的基本单位。根据《工会法》和《中国工会章程》的规定，企业、事业单位、机关、社会组织等基层单位，应当依法建立工会组织。有会员二十五人以上的，应当成立基层工会委员会；不足二十五人的，可以单独建立基层工会委员会，也可以由两个以上单位的会员联合建立基层工会委员会，也可以选举组织员或工会主席一人，主持基层工会工作。

（2）基层工会委员会由工会会员大会或者会员代表大会选举产生。基层工会委员会的主席、副主席由基层工会委员会选举产生，或由会员大会或者会员代表大会直接选举产生。基层工会委员会的会员大会或者会员代表大会，每年举行一次，但经过基层工会委员会或者1/3以上的工会会员提议，可以临时召开会员大会或者会员代表大会。会员代表大会的代表实行常任制，每届任期与基层工会委员会相同。

（3）基层工会会员大会或者会员代表大会及其选举产生的基层工会委员会是基层工会组织的领导机关。

①基层工会会员大会或者会员代表大会的职权是：审议和批准基层工会委员会的工作报告和经费收支情况报告；审议和批准经费审查委员会的工作报告；讨论并决定本基层工会工作的重大问题；选举基层工会委员会和经费审查委员会；撤换或者罢免其选举的代表或者工会委员会的组成人员。基层工会委员会和经费审查委员会每届任期三年或者五年。

②基层工会的职责与主要任务是：执行会员大会或会员代表大会的决议和上级工会的决定，主持基层工会日常工作；代表和组织职工依照法律规定，通过职工代表大会和其他形式，参与本单位民主选举、民主协商、民主决策、民主管理和民主监督；参与协调劳动关系和调解劳动争议，与企业、事业单位、社会组织行政方面建立协商制度，协商解决涉及职工切身利益问题；组织职工开展劳动和技能竞赛、合理化建议、技术革新和技术协作等活动，总结推广先进经验；对职工进行思想政治教育，鼓励支持职工学习文化科学技术和管理知识；开展健康的文化体育活动，办好工会

文化、教育、体育事业；监督有关法律法规的贯彻执行，协助和督促行政方面做好工资、劳动安全卫生和社会保险等方面的工作，办好职工集体福利事业，改善职工生活，依法参与劳动安全卫生事故的调查处理；维护女职工的特殊利益；搞好工会组织建设，健全民主制度和民主生活；收好、管好、用好工会经费，管理好工会财产和工会的企事业单位。

（三）工会的组织保障

中国工会是按照民主集中制原则建立起来的有机统一整体，它在组织上的独立性、整体性和系统领导是由《工会法》和《中国工会章程》的有关规定及其严格的组织管理保障的，这主要体现在以下方面。

第一，建立工会组织必须履行报告审批程序，即基层工会、地方各级总工会、全国或地方产业工会组织的建立，必须报上一级工会批准。只有经上一级工会审查批准同意，基层工会、地方各级总工会、全国产业工会或者地方产业工会方可正式成立。

第二，撤销工会组织必须履行报告备案程序，即基层工会所在的企业终止或者所在的事业单位、机关被撤销，该工会组织相应撤销，并报告上一级工会备案。任何其他组织和个人不得随意撤销工会组织，也不得把工会组织的机构撤销、合并或归属其他工作部门。

第三，规范工会会员会籍管理，特别是做好被撤销工会组织的会员会籍保留接续工作。

第四，上级工会可以派员帮助和指导企业职工组建工会，任何单位和个人不得阻挠。

第五，严格审核企业基层工会委员会成员的人选条件，即企业主要负责人的近亲属不得作为本企业基层工会委员会成员的人选。

第六，保证基层工会专职干部的设置，保证工会主席、副主席和工会干部依法履行职责，防止对其不法侵害。

上述这些规定、措施的严格实施，有力地保障了工会组织的健全完善和工会工作的顺利开展。

第二节　工会小组的设置与组建

工会小组是以行政生产班组或科室小组为单位建立的基层工会组织，它是整个工会组织体系，尤其是基层工会组织体系的组织基础。工会小组的设置与组建既关系到基层工会组织的建设与巩固，还关系到工会工作方针任务和上级工会工作部署在基层的传达与贯彻，更关系到能否把最广大的职工群众组织到工会中来，共同开展好基层工会工作。

（一）工会小组的设置

工会小组是基层工会的基础单元，是基层工会的重要组成部分，也是基层工会组织体系的基础环节。依法组织工会是职工群众的民主权利，根据《中国工会章程》规定，基层工会委员会根据工作需要，可以在分厂、车间（科室）建立分厂、车间（科室）工会委员会，按照生产（行政）班组建立工会小组，民主选举工会小组长，积极开展工会小组活动。

从上述法律、章程看，我国基层工会组织的结构基本确定为三级，即基层工会、分工会和工会小组。但是，由于分工会的设立要考虑单位的行政机构设置情况和会员、职工人数的多少，有的基层单位有四五个层级甚至更多，则分工会设置相应更多。有些单位小，部门（包括车间、科室）小或少、会员职工少时，则可以不设分工会，形成基层工会委员会和工会小组的两级基层工会结构。但无论是三级结构体系、多级结构体系还是两级结构体系，工会小组都是基层工会不可缺少的重要组成部分，是基层工会不可动摇的坚实基础。

（二）工会小组的组建

工会小组的组建需符合四个方面的条件要求：一是要与企事业单位内

部生产（行政）班组的设置相吻合；二是要考虑会员、职工人数的多少与分布情况；三是要有利于开展工会小组的活动；四是要由基层工会委员会（或筹备组）、分工会委员会（或筹备组）主持指导工会小组的组建工作。

根据上述条件要求，组建工会小组必须坚持四条基本原则如下。

1.按生产（行政）班组（科室或部门）建立的原则

以生产（行政）班组（科室或部门）建立工会小组。坚持这一原则符合我国基层工会的组织结构即工会组织的设置层次，根据企事业、机关单位管理层次和组织结构来确定的原则。按生产（行政）班组设置和组建工会小组有利于结合生产、行政实际工作开展工会工作，有利于会员之间的相互沟通，更有利于工会会员直接随时向工会小组长、向基层工会和上级工会反映会员愿望与要求。

2.人数适宜原则

组建工会小组需考虑会员和职工人数的多少，如果小组人数过少，活动开展不起来；人数过多，开展的活动又收不到较好效果。一般情况，每个工会小组人数在 7~20 人为宜，如果会员不足 3 人，可适当合并。

3.有利于开展活动原则

工会小组对职工进行教育是通过开展各项活动来实现的，这就要求工会小组开展的活动尽量保证小组会员都能参加。因此，在设置与组建工会小组的时候，要充分考虑到是否有利于开展小组活动这一点，避免随意凑数的现象。

4.在上级工会主持指导下进行的原则

基层工会或分工会是工会小组的上级，工会小组接受其领导。因此，工会小组的组建应在基层工会或分工会的主持下进行，这样做既能保证工会小组组建工作的正确方向，又能使工会小组的组建工作完成得更好。

组建工会小组通常是组建基层工会、分工会的基础，在操作上，应在基层工会或分工会（新建工会单位为筹备组）的主持指导下进行。第一，要做好大力发展工会会员的工作，做到哪里有职工，哪里就要有工会组织。要广泛动员、宣传和教育职工群众，使他们明确工会的性质、宗旨、职能和作用，启发他们的入会意识，营造良好环境和氛围，以便最大限度地把职工群众组织到工会中来。第二，要按生产（行政）班组或科室、部门，合理划分工会小组，确定工会小组的人员和数量。工会小组一般都设置在生产（行政）班组或科室、部门中，由小组会员组成。第三，要召开工会小组全体会员会议，民主选举工会小组长，并向上级工会组织报告。完成了上述程序，工会小组即告成立。

第三节　工会小组的地位作用

　　工会小组的地位，是指工会小组在整个工会组织体系，尤其是基层工会组织体系中所处的位置。工会小组的作用，是指工会小组在上级工会组织的领导下，全面履行工会基本职责并对基层工会工作和广大职工产生了重要影响的实践活动。工会小组的地位和作用是由工会组织的性质、特点、担负的历史使命和自身的作为所决定和体现的。工会小组的地位和作用相辅相成、互为因果、辩证统一。工会小组的地位决定了它发挥作用的程度，而工会小组作用的充分发挥则有利于提高工会小组的实际地位。因此，深刻认识工会小组地位、作用的内涵与辩证关系，对于工会小组长更自觉、更主动地做好工会小组工作具有十分重要的意义。

（一）工会小组的地位

　　工会小组是基层工会的重要组成部分，因此，它处于基层工会的组织体系中。同时，工会小组又是按照企事业单位中生产（行政）班组或科室、部门建立的，因此，它又处于企事业单位和其所属的生产（行政）班组或科室、部门这一行政体系中。工会小组的地位，就是指它在这两个体系中的地位，而且这两个体系和两种地位又是相互关联的。

1.工会小组在基层工会组织体系中的地位

　　（1）工会小组是基层工会、分工会的组织基础。基层工会、分工会都是由若干个工会小组组成的，工会小组的多少，既反映出会员人数的多少、组织率如何，也决定着基层工会、分工会组织范围的大小、力量的强弱。所以，只有加强工会小组的建设，基层工会、分工会才会有坚实的组织基础，才会不断发展壮大。此外，工会小组的建立健全又是组建基层工会、分工会的基础环节。工会小组建不好，基层工会、分工会基础就不扎实，凝聚力、战斗力就不强。因此，抓基层工会、分工会的组建，首先也要抓好组建工会小组这个基础环节，只有基础打得牢，基层工会、分工会才能立得稳并把工作开展好。总之，无论从哪个角度看，工会小组在基层工会组织体系中的基础地位都是实在的、不可动摇的。

（2）工会小组是基层工会、分工会开展工作的基础。基层工会、分工会的工作离不开工会小组，都要在工会小组的积极支持下开展。基层工会、分工会的许多活动要在工会小组里进行，工作任务、工作部署要在工会小组里贯彻落实并得到实现。工会小组是基层工会、分工会开展各项工作的起始点和落脚点。搞活基层工会、分工会，最根本的是要搞活工会小组。工会小组是基层工会、分工会组织的细胞，细胞活则组织活。工会小组建设得好，工作活跃，整个基层工会、分工会就会朝气蓬勃，充满生机和活力。因而基层工会、分工会需紧紧依靠并着力夯实工会小组这个工作基础。

（3）工会小组是基层工会、分工会工作的最前沿。工会小组是基层工会、分工会组织中最直接贴近会员群众的基础组织，它存在于会员和职工群众之中。一方面，基层工会、分工会的工作任务、工作部署要通过工会小组向会员和职工群众传达贯彻并组织落实；另一方面，会员和职工群众的愿望要求，也要通过工会小组向基层工会、分工会反映，对他们提出的问题和遇到的困难，工会小组要给予帮助解决。

2.工会小组在企事业单位、机关及所属生产（行政）班组和科室部门行政体系中的地位

如果说从基层工会组织体系看工会小组的地位是从纵向上对工会小组地位的一种考察，那么从企事业单位、机关及所属生产（行政）班组和科室部门行政体系看工会小组的地位，则是从横向上对工会小组地位的另一种考察，只有做这种双重的交叉考察，才能准确把握工会小组的定位。

工会小组在企事业单位、机关及所属生产（行政）班组和科室部门行政体系中的地位主要体现在以下方面。

（1）工会小组是班组职工合法权益的代表者和维护者。工会小组的这种身份地位是与工会组织的身份地位相一致的。工会是职工自愿结合的工人阶级群众组织，代表和维护职工合法权益、竭诚服务职工群众是工会的基本职责。尤其是在市场经济条件下的企业中，劳动关系多元化，工会是职工一方代表者的身份地位更加明确。工会小组处在工会组织代表和维护职工合法权益的第一线，具有为职工说话、办事，排忧解难，代表和维护职工合法权益的优势。工会小组是工会会员的聚集地，可及时了解和掌握改革中会员和职工面临的各种问题，并通过工会小组长和生产（行政）班组长的协调合作，使之及时得到解决。

（2）工会小组是生产（行政）班组的密切合作者。工会小组是构成基层工会、分工会乃至整个工会组织的最基本单元。生产（行政）班组是企业或事业单位根据生产工作需要组建的最小职能单元。二者的基本职能及组建目的虽然不同，但在人员构成和工作开展方面相互交叉、相互协作与促进，二者存在密不可分的关系。

①从人员构成看，工会小组是按生产（行政）班组建立，大多数工会小组和生产（行政）班组往往是同一班人员，属于同一生产（行政）班组的人员往往也属于同一工会小组，所以，工会小组与生产（行政）班组在体制上具有不可分割的关系。

②从目标方向和根本利益看，两者也是一致的。两者都要围绕班组生产、管理、教育等内容开展工作，目的就是促进班组乃至企事业单位的发展。生产（行政）班组长与工会小组长之间是互相平等、互相尊重、互相合作、互相支持的关系，既不能混淆两者的性质、任务和作用，也不能把两者割裂、对立起来。在实践中，许多企事业单位党政工领导在抓班组建设的同时，也抓工会小组的建设，两者相辅相成，共同促进，均收到良好效果。

③从开展工作看，两者相互配合、优势互补。生产（行政）班组是企

事业单位管理系统中最基本的管理单元，通过班组的有效管理最终才能实现整个企事业单位的高效率与高效益。工会小组是基层工会组织体系中代表和联系职工群众的最基本组织单元，工会小组的有效工作，可以为职工建立充分参与班组民主管理、民主监督的渠道，可以为职工说话办事、维护职工合法权益，构建和谐稳定的劳动关系；可以用说服教育、积极引导的方法，对职工进行思想政治和业务技术教育，开展文娱体育活动；可以动员组织职工开展劳动竞赛、合理化建议和职工经济技术创新活动，为班组乃至促进企事业单位发展做出贡献；可以通过做班组职工思想政治工作和帮助职工解决实际困难来解决职工的后顾之忧，增强班组的凝聚力和向心力；可以通过实施有效的民主监督，帮助班组行政及时改正违规违纪行为，使班组生产和工作又好又快地进行。

④从协调关系看，生产（行政）班组与工会小组应保持平等地位，从不同角度去发挥各自的优势和积极性，步调一致地完成班组的生产任务。当两者遇到矛盾时，工会组长要与生产（行政）班组长心平气和地解决分歧和矛盾，通过沟通与协商找到解决问题的出路。在沟通协商后问题仍得不到解决时，可向各自的上级反映情况，通过上一级部门的协调最终使问题获得解决。总之，就是要通过生产（行政）班组与工会小组的通力合作，调动起班组职工的积极性、主动性，发挥好创造性，共同促进生产（行政）班组乃至整个企事业单位生产、工作的健康快速发展。

（3）工会小组是密切党同职工群众联系的纽带和桥梁。工会小组的这种地位是由党与工会的关系和工会自身的性质、地位，以及工会小组处于联系职工群众最前沿的实际情况决定的。

①党是工人阶级的先锋队，要充分发挥工会组织的作用来增强党在职工群众中的威望，密切党同本阶级群众的联系，巩固和扩大自己的阶级基础与群众基础，团结带领广大职工群众和全国人民为实现党在现阶段的目标任务共同奋斗。

②工会又是职工群众自愿结合的工人阶级群众组织，它坚持自觉接受党对工会的领导，把最广大职工群众组织到工会中来，并通过充分发挥自身的职能作用，把党的温暖、关怀送达职工群众，把职工群众的愿望要求

反映给党，使党作出符合工人阶级和广大人民群众利益的正确决策，由此把广大职工群众紧密团结在党的周围，增强党的阶级基础，扩大党的群众基础，充分发挥好纽带和桥梁作用。工会小组处在基层工会组织的最前沿，具有联系最基层职工群众得天独厚的优势，它对职工的实际状况最清楚，对职工的愿望要求最了解，解决职工存在的问题也最及时。工会小组坚持把党的路线方针政策和上级的指示要求贯彻落实到班组职工，努力为班组职工说话办事，排忧解难，并向上级反映班组职工的意见建议，沟通党同职工群众联系的渠道，就能把党的温暖关怀送达班组职工，密切党同职工群众的联系，当好党同职工群众联系的纽带和桥梁。

③工会小组是工会会员和班组职工努力学习、提高素质的园地。工会是职工群众学习管理的学校、学习经济的学校、学习共产主义的学校，工会小组就是这所学校中的最基本园地。通过这个园地，工会小组一方面可以组织职工进行系统的业余学习，支持职工参加正规培训，另一方面又可结合基层大量的日常工作和活动使职工在实践中学习。通过有计划、有组织、有引导的学习活动，使职工群众不断提高自身的政治觉悟、科学文化知识与管理水平，提高操作技能，从而在班组实际工作中，乃至在企事业单位生产、工作的大舞台上，展现出新时代职工群众的主人风采和推动企事业单位和谐发展的强大动力。

（二）工会小组的作用

作用是地位的体现，有什么样的地位，就要发挥什么样的作用。作用发挥得好，有利于巩固和提高地位。工会小组的作用可集中概括为以下五个方面。

1.维护作用

工会发挥代表和维护职工合法权益、协调劳动关系的作用，就是要以职工代表者的身份，协调劳动关系，解决劳动过程中出现的矛盾和问题，维护劳动者的利益，保护劳动者的积极性。同时，在改革深化过程中出现的下岗失业职工问题，困难和特别困难职工的帮扶问题等，也是工会维权的重要内容。

工会小组处于工会组织维权的第一线，对职工生产、生活和工作状况及家庭情况最熟悉、最了解，职工有困难首先找工会，而第一个要找的就是工会小组，所以，工会小组的维权工作做得如何，不仅关系到整个基层工会、分工会的维权工作水平，更关系到工会在职工群众心目中的形象。工会小组要注意抓住那些职工最现实、最直接、最关心的切身利益问题，千方百计为职工办实事、解难事，既使职工利益得到维护与保障，也为企事业单位改革发展奠定良好群众基础。

2.建设作用

建设是工会组织的重要社会职能，工会履行这一职能的具体体现就是要充分发挥建设作用。以高质量发展为中心，大力促进生产力又好又快发展是党和国家的工作大局、是企业的中心任务，同时也是工会服从服务于党和国家工作大局、企业中心任务的工作重点。工会发挥建设作用的总目标就是要围绕提高企业经济效益和创新发展这个中心，从提高质量、提高职工素质、提高核心竞争力、开发适销对路的产品和降低物质消耗入手，挖掘企业潜力，强化自主创新，增强企业抵御风险的能力，使工会建功新时代与企业生产经营活动紧密地结合在一起。

工会发挥建设作用，从一定意义上讲也是做人的工作。因此，作为身处基层的工会小组，就要很好地利用贴近企业、贴近班组、贴近职工的优势，通过思想发动和组织开展一系列适合职工参加、有利于调动职工积极性的竞赛活动，把职工吸引和引导到社会主义现代化建设事业中来，吸引和引导到促进企业和谐发展中来，使他们以高度的主人翁责任感，充分发挥主动性和创造性，为增强企业活力、提高经济效益、强化竞争能力作出贡献。

3.参与作用

组织和代表职工群众参与企事业单位管理，这既是职工群众民主权利的实现途径，也是法律赋予工会组织的一项重要权利。工会发挥参与作用，有利于对企事业单位实行民主参与、民主管理和民主监督，有利于加强基层民主政治建设，协调劳动关系和维护职工合法权益，有利于调动职工群众积极性，共同致力于推动企事业单位的和谐发展。

4.教育作用

教育是工会的重要社会职能，而教育职能的履行和教育作用的发挥，就是要帮助职工不断提高思想政治觉悟，提高科学技术和文化技能素质。

工会是工人阶级最广泛的群众组织，工会要成为职工群众在实践中学习共产主义的学校。工会发挥教育作用的特点就在于把思想政治教育和文化技术教育寓于工会的各项活动之中。除工会举办的各类职工学校外，工会发挥教育作用的主要方式就是通过组织各种活动来提高广大职工群众的政治觉悟和文化技术素质。工会发挥教育作用，离不开工会小组，因为工会教育的计划、部署、活动的组织开展，最终都要落实到工会小组去进行。工会小组具有直接联系、动员和组织职工的优势，而且许多活动也都是以工会小组为单位进行的，所以，工会小组是处于最前沿的职工学习和活动的组织者与领导者，正是千百个工会小组的活跃与努力，才演出了工会教育工作的光彩剧目，才使工会这所学习共产主义的学校，朝气蓬勃，充满生机。

5.纽带作用

工会是党联系职工群众的纽带与桥梁。而工会小组就是这个纽带上的一个最基础的纽结，它发挥着联结党与职工群众、上级工会组织与最基层工会组织和会员群众的联系的重要作用。

千千万万个工会小组活跃在社会主义现代化建设的第一线，把党的路线方针政策、国家的法律法规、企事业单位的规章制度、上级工会、基层工会、分工会的工作任务、工作部署、工作要求直接传达贯彻到广大职工群众中去，变成职工群众的自觉行动。同时又可以很快地把广大职工群众的意见、要求、愿望集中起来，反映给党的各级组织、国家机关、企事业单位行政、基层工会和上级工会，真正使各组织之间、各层次之间信息传递畅通，决策及时正确，贯彻落实坚强有力，充分发挥出纽带桥梁作用的效力。

第四节　工会小组的职责和基本任务

职责，是指任职者为履行一定的组织职能或完成工作使命，所负责的范围和承担的一系列工作任务，以及完成这些工作任务所需承担的相应责任。工会小组的职责、职权和基本任务是紧密相关的，职责、职权明确后，工会小组的基本任务自然就清楚了。了解工会小组的职责、职权和基本任务是搞好工会小组工作的前提，对此工会小组长必须有深刻的认识并始终牢记和掌握。

根据《工会法》《中国工会章程》的有关规定，结合党对工会的要求和职工群众的期望，结合基层工会、分工会和工会小组的实际情况和实践经验，工会小组的职责、职权和基本任务可分述如下。

（一）工会小组的职责

工会小组的职责是指工会小组作为基层工会、分工会的最基础组织所应当肩负的责任。职责是必须履行的，不履行或不能很好履行工会小组的职责，就是没有尽到工会小组应尽的义务，就搞不好工会小组的工作。因此，工会小组，尤其是小组长，要增强责任感，在明确工会小组职责的基础上，高度重视并履行好工会小组的职责。具体来说，工会小组的职责主要包括以下内容。

一是做好班组职工的日常思想政治工作，带领班组职工积极参加政治、文化、业务技术学习，提高职工队伍素质，开展有益于身心健康的文艺、娱乐和体育活动。

二是动员职工群众参加班组的民主管理，维护职工合法权益，组织开展劳动竞赛，努力完成班组的生产和工作任务。

三是关心职工生活，热心为职工办实事，经常进行家访、谈心，对生病和面临特殊困难的职工进行慰问，开展小组职工之间的经济、劳动、生活等方面的互济互助活动；做好班组的劳动争议调解工作。

四是加强工会小组自身建设，建立健全民主制度、工作制度、工作台账，用科学的制度来规范工会小组的工作，努力实现工会小组工作的民主化、制度化和群众化；活跃工会小组民主生活，定期开好工会小组的民主生活会，做好发展新会员和按时收缴会费的工作。

（二）工会小组的职权

有责必有权，职权是履行职责的必要条件，也是重要保障。职权就是指基于履行职务职责的需要而被赋予的权力。根据我国《工会法》《企业法》《劳动法》，以及《中国工会章程》和《职工代表大会条例》等有关规定，工会小组的职权归纳起来主要包括以下内容：

一是工会小组有权依法保证班组工会会员的民主权利，维护工会会员的合法权益，代表工会会员向上级工会反映情况；

二是工会小组有权负责班组民主管理日常工作，组织职工实施民主管理，其中，工会小组长应是班组民主管理工作的主持人；

三是工会小组有权对本班组职工的奖惩、奖金分配等涉及职工切身利益的有关重要问题提出建议；

四是工会小组有权组织班组职工开展有利于保证班组生产工作任务完成和提高职工素质的各项群众生产活动；

五是工会小组有权按照上级工会要求，布置开展工会活动，完成上级工会提出的各项工作任务。

了解和掌握工会小组的职权，对于工会小组和小组长正确行使权力、做好工作十分重要。

（三）工会小组的基本任务

工会小组的基本任务是工会小组地位、作用、职责和职权的综合的、直接的体现。在基层工会组织体系中，工会小组处于特定的地位、具有特定的职责、享有特定的职权、担负着特定的历史任务。工会小组的任务是多方面的，工会小组长应该组织好本组会员积极完成各项任务，发挥更好的作用。

1.基层工会委员会的任务

工会小组基本任务的确定要以基层工会委员会的任务为依据，并结合自身特点。根据《中国工会章程》第二十八条的规定，基层工会委员会的基本任务如下。

（1）执行会员大会或者会员代表大会的决议和上级工会的决定，主持基层工会的日常工作。

（2）代表和组织职工依照法律规定，通过职工代表大会、厂务公开和其他形式，参与本单位民主选举、民主协商、民主决策、民主管理和民主监督，保障职工知情权、参与权、表达权和监督权，在公司制企业落实职工董事、职工监事制度。企业、事业单位工会委员会是职工代表大会工作机构，负责职工代表大会的日常工作，检查、督促职工代表大会决议的执行。

（3）参与协调劳动关系和调解劳动争议，与企业、事业单位、社会组织行政方面建立协商制度，协商解决涉及职工切身利益问题。帮助和指导职工与企业、事业单位、社会组织行政方面签订和履行劳动合同，代表职工与企业、事业单位、社会组织行政方面签订集体合同或者其他专项协议，并监督执行。

（4）组织职工开展劳动和技能竞赛、合理化建议、技能培训、技术革新和技术协作等活动，培育工匠、高技能人才，总结推广先进经验。做好劳动模范和先进生产（工作）者的评选、表彰、培养和管理服务工作。

（5）加强对职工的政治引领和思想教育，开展法治宣传教育，重视人文关怀和心理疏导，鼓励支持职工学习文化科学技术和管理知识，开展健康的文化体育活动。推进企业文化职工文化建设，办好工会文化、教育、体育事业。

（6）监督有关法律、法规的贯彻执行。协助和督促行政方面做好工资、安全生产、职业病防治和社会保险等方面的工作，推动落实职工福利待遇。办好职工集体福利事业，改善职工生活，对困难职工开展帮扶。依法参与生产安全事故和职业病危害事故的调查处理。

（7）维护女职工的特殊权益，同歧视、虐待、摧残、迫害女职工的现象作斗争。

（8）搞好工会组织建设，健全民主制度和民主生活。建立和发展工会积极分子队伍。做好会员的发展、接收、教育和会籍管理工作。加强职工之家建设。

（9）收好、管好、用好工会经费，管理好工会资产和工会的企业、事业。

2.工会小组的任务

工会章程规定的基层工会委员会的各项任务，原则上也适用于基层工会所属的分工会和工会小组，它们也应为实现基层工会的任务而努力工作，发挥特有的作用。然而，分工会和工会小组毕竟与基层工会有所不同，在层次上它们处于基础地位，受基层工会领导，在组织规模和权限上比基层工会要小，在工作内容上相对来说复杂程度要低一些，在工作位置上是处于基层工会工作的最前沿。因此，在确定基层分工会、工会小组的基本任务时，既要坚持以基层工会任务为依据，又要从分工会、工会小组自身特点出发，力求准确恰当。就工会小组而言，其基本任务应当体现以下方面的特色。

（1）发挥直接联系职工群众的优势，切实代表和维护职工合法权益。维护是工会的基本职责，当然也是工会小组的首要任务。生产（行政）班组是企事业单位最基本的生产（工作）单元，是职工聚集的生产（工作）之地，职工合法权益首先在这里反映，而各类涉及乃至侵害职工权益的矛盾也最先从这里显现。工会小组存在于生产（行政）班组之中，生活工作在职工之中，对职工的情况最了解，对职工的利益诉求最知情。因此，工会小组就要发挥这些优势，在协调劳动关系，化解各种利益矛盾方面，当好第一知情人、第一报告人，能够自己帮助职工解决的，及时主动地予以解决，自己解决不了的，把职工的意见、建议、愿望、要求集中起来，通过工会组织系统向上级工会反映，由其帮助协调解决，充分发挥好工会小组代表维护职工合法权益的特殊作用。

（2）落实基层民主，组织班组职工参加班组乃至企事业单位的民主管理和民主监督。工会小组通过班组民主管理会等形式，组织班组职工开展民主管理活动，可以使班组职工参与企事业单位管理的民主权利落到实处，有利于反映班组职工的意见要求，代表和维护他们的合法权益，有利于通过民主监督敦促班组乃至上级行政把国家的有关法律法规政策切实贯彻到基层、班组，也有利于调动班组职工的积极性，共同促进班组乃至企事业单位的和谐发展。总之，组织和代表班组职工对班组乃至企事业单位实行民主参与、民主管理和民主监督是工会小组的重要职责，也是必须抓好的一项重要工作。

（3）围绕企事业单位和班组中心工作，组织班组职工开展群众性生产经济技术活动。服从服务于党和国家工作大局、服从服务于企事业单位中心工作，这是工会工作必须遵循的一条重要原则，对工会小组来说也不例外。工会小组服从服务于班组乃至企事业单位中心工作的重要手段，就是发挥自身优势，组织班组职工开展群众性生产经济技术活动。工会小组要根据所在基层的具体生产经营目标、班组具体的工作任务，组织班组职工开展劳动和技能竞赛、合理化建议和技术革新、技术协作活动，总结推广先进操作法，调动每一名职工的积极性，确保生产工作任务的完成，确保班组和企事业单位目标的实现。工会小组做好上述工作，既是发挥工会建设职能的要求，也是工会应尽的义务。只有做好这些工作，才能充分显示出职工群众和工会组织在促进企事业单位发展中不可忽视、不可替代的重要作用。

（4）着眼培育"四有"班组职工队伍，努力促进班组职工思想政治和文化技术水平的提高。动员和组织职工学政治、学文化、学管理、学科学、学技术，接受新的管理经验和管理理念，掌握最新技术技能。这既是发挥工会教育职能的要求，也是工会必须完成好的重要任务。生产（行政）班组是职工群众日常生产学习的主要场所，是提高职工政治文化素质和科学技术水平的重要课堂。工会小组要积极履行教育职能，切实担负起组织班组职工学习和对班组职工实施教育引导的重要职责。工会小组要结合自身特点，发挥自身优势，根据生产、工作和会员、职工的实际情况，采取多种方式，及时地有针对性地把职工的思想政治工作、技能技术培训工作贯穿于日常生产生活之中。

（5）发扬友爱精神，组织班组职工广泛开展互助活动。工会小组组织班组职工利用业余时间进行生活互助活动，这是工会竭诚服务职工、替职工解决生活实际困难的好办法，也是工会为职工说话办事的具体体现。工会小组要把它作为经常性的工作之一。工会小组开展的生活互助活动内容很多，方式多样，只要是所在工会小组内会员和职工的生活困难问题，都有组织互助的责任。多年来的实践证明，工会小组开展生活互助活动，受到职工群众的欢迎和拥护。在新形势下，工会小组更要始终发扬这一光荣传统，在继承的基础上不断创新，以满足班组职工的愿望和要求，使工会小组真正成为班组职工信赖的"职工小家"。

（6）密切同班组职工的联系，发挥好工会联系职工群众的纽带桥梁作用。工会是工人阶级政党联系本阶级群众的纽带和桥梁。工会发挥纽带桥梁作用主要是通过工会的基层组织实现的。工会的基层组织发挥广泛联系职工群众的优势，把党的路线方针政策、国家的法律法规，上级的指示、部署和工作要求，直接传达给职工群众，并组织学习和认真贯彻，同时又把职工群众的意见、建议、愿望、要求通过组织渠道及时反馈给上级有关部门，为其正确决策提供依据。正是通过这种有效的沟通，使党和职工群众的联系、上下级之间的联系更为紧密畅通，从而使各项工作更加高效有序地顺畅开展。其中，工会小组要运用自己处于基层、直接接触职工群众的优势，真实地、及时地上情下达、下情上达，沟通双方信息，更好发挥纽带桥梁作用。

3.加强工会小组建设的重要性

工会小组是工会最小的单位，是工会组织的细胞，是工会密切联系群众、依靠群众民主办工会的关键环节。工会工作任务的落实，要通过工会小组和工会会员来实现。工会小组是基层工会、分工会开展各项活动的基础，是贯彻落实各项工作的落脚点，只有把工会小组建设好、工作开展好，基层工会工作才能基础坚实、充满生机和活力。

（1）加强工会小组建设，有利于更好地动员和组织职工实现党的路线方针政策和工会工作的任务、主张。党的路线方针政策、工会工作的任务主张，其基础都离不开工会小组和职工群众，都需要充分发挥工会小组的作用。工会小组处于工会工作的第一线，与广大会员群众的联系也最密切，通过无数个工会小组的积极活动、努力工作，可以直接把党的路线方针政策、工会工作的任务主张传达贯彻到职工群众中去，变为职工群众的自觉行动。同时，又通过工会小组把广大职工群众的要求和愿望及时反映给各级工会组织，使工会工作的针对性更强，使工会更好地维护职工利益，从而更有效地调动和激发全体会员和职工群众的社会主义积极性，促进企事业单位改革、创新和发展的工会工作目标。

（2）加强工会小组建设，有利于体现工会组织群众化、民主化的特点，推进工会组织群众化、民主化进程。工会是职工自愿结合的工人阶级群众组织，它的成员极为广泛，工会的这种群众性，决定了它的组织制度和活动内容等必须群众化。工会又是民主的组织，民主的事情就要依靠会员群众民主来办，只有充分发扬民主，群众办工会、民主办工会，才能实现工会组织的民主化。实现工会组织的群众化、民主化重点在基层、在工会小组。实践证明，只有加强工会小组建设，才能更好地密切工会与职工群众的联系，动员和组织职工积极参与工会活动，从而实现工会组织群众化、民主化的要求。

（3）加强工会小组建设，有利于提高工人阶级的组织程度和职工群众的自身素质。工会小组直接担负着对会员和职工进行工会性质、地位、作用与任务的教育，以及及时发展新会员的任务。加强工会小组建设，可以最大限度地把广大职工，包括进城务工人员吸引到工会组织中来，并通过开展工会的各项活动，对职工进行寓教于乐的启发引导，提高职工素质，努力使广大会员、职工成为有理想、有道德、有文化、有纪律的"四有"新人。

（4）加强工会小组建设，有利于夯实基层工会工作基础，增强基层工会工作活力。工会全部工作的基础在基层、在工会小组，工会工作扎实不扎实，落实的情况如何，最终要看工会小组的工作。因此，只有加强工会小组建设，才能夯实工会全部工作的基础。工会全部工作的活力在基本的组织单元、在"细胞"。而搞活工会小组，就是搞活工会组织的最基本的组织单元，激活工会的"细胞"。"细胞"活则组织活，不仅工会小组能呈现出生机和活力，而且将使整个基层工会工作朝气蓬勃，进而带动工会的整体工作。因此，工会的各级组织都应当高度重视工会小组的建设，加强指导和帮助。工会小组自身也要苦练内功，着重在提高素质能力上下功夫，扎扎实实地做好有利于加强自身建设的各项工作。

第二章
工会小组长

常言道，火车跑得快，全靠车头带。搞好工会小组工作，关键在工会小组长。怎样才能当好工会小组长呢？前提就是要了解和认识什么是工会小组长，这就需要掌握诸如工会小组长的产生程序、具备条件、岗位职责及工作原则等一系列相关规定和知识。只有加强思想武装，才能为当好工会小组长奠定思想理论基础，更好地做好工会小组工作。

第一节　工会小组长产生的程序

什么是工会小组长，工会小组长有哪些特点，又是怎样产生的，这是工会小组长首先要搞清楚的问题，这些基本问题不搞清楚，就难以当好工会小组长。因此，工会小组长要认真学习和了解这方面的相关理论知识。

（一）　工会小组长

工会小组长的概念具有丰富的内涵，因为工会小组工作的多样性，使人们可以从不同的角度对什么是工会小组长做出限定和解释。工会小组长，简言之，就是工会小组的一组之长。工会小组长是工会小组的带头人，是工会小组工作的组织者、领导者和负责者，也是基层工会、分工会开展工会工作的得力助手。

除此之外，从工会小组长发挥的作用看，工会小组长还是职工群众利益的代表者和维护者，职工民主管理的组织者和参与者，职工群众生活的参谋者、帮助者，党的路线方针政策、工会主张的宣传者、贯彻者，群众生产和经济技术工作的发动者和带头者，职工提高素质的教育者和引导者，以及密切党、工会同职工群众联系的凝聚者。

（二）　工会小组长的特点

从工会小组长的地位、同各方面的关系、自身职责及开展的工作内容看，工会小组长具有如下特点。

一是群众性。工会小组长本身就是职工群众的一员，生活工作在职工群众中，对职工群众的思想工作和实际生活状况，他们同样感同身受。他们与职工群众这种密不可分的联系，是其开展工会小组工作的良好群众基础。

二是代表性。工会小组长是经过会员群众民主选举产生的，受会员的信任和委托，代表会员参加各项活动、行使民主权利，为会员和职工说话办事。

三是先进性。工会小组长应是会员中的先进者。他们比一般群众觉悟高、看得远，能够及时反映群众的意见要求。他们受职工群众信赖，并能用自身的表率作用，带动、影响、教育普通乃至有落后思想和不正确行为的群众，使他们跟上时代的步伐。

四是广泛性。工会小组长人数较多，其联系影响的会员和职工群众广泛，因而发挥好工会小组长的作用，对做好基层工会工作意义重大。

五是兼职性。工会小组长是兼职、不脱产的工会工作者。他们既要做好本职的生产、工作，又自觉自愿地利用业余时间，抓好工会小组工作。他们有着专职工会干部不可代替的重要作用。

把握工会小组长的上述特点，可以使工会小组长从实际出发，更有针对性、更自觉、更主动地发挥好组织领导作用，做好工会小组的工作。

（三） 工会小组长的产生程序

工会小组长作为工会最基层组织的负责人，在工会组织体系中处于"兵头将尾"的地位，要遵循民主程序，由工会小组全体会员民主选举产生。这是因为工会是群众性、民主性的组织，工会的各级领导机构及其负责人必须经过充分发扬民主和民主选举产生，这是一条不可动摇的根本原则，只有坚持这条原则才能健全完善工会内部的民主制度，充分反映体现会员群众的民主意愿，保障他们的民主权利，选出他们信赖且德才兼备的工会领导机构及其负责人。《中国工会章程》第二十七条和中华全国总工会《工会基层组织选举工作条例》第三条都明确规定基层工会委员会的主席、副主席要经会员（代表）大会选举产生或者基层工会委员会选举产生。工会小组长作为工会最基层组织的负责人，其产生同样要坚持民主选举原则，直接选举产生。

工会小组长是由工会小组全体会员民主选举产生的，要选好工会小组长首先就要组建好工会小组，这又分为两种情况，一种是在企事业单位改革过程中，由于内部组织结构和管理体制的变动调整，需要按照重组后的生产（行政）班组重新划分工会小组。在这种情况下，由于企事业单位中原来就存在基层工会组织，因此，只需要在它的主持指导下，做好重新划定的工作即可。另一种情况则不同，即企事业单位新建基层工会组织，在这种情况下，组建工会小组是作为组建基层工会的基础步骤来进行的，因此，它的工作就较为复杂。具体来说，其程序如下。

1.做好宣传动员和发动工作

组建工会和工会小组必须有坚实的群众基础，首次组建工会和工会小组，重点就是要做好职工群众的发动工作。要在基层工会筹备组的领导下，向全体职工和行政管理者广泛宣传工会的性质、任务及组建工会和工会小组的目的意义，使全体职工真正认识到工会是职工自己的组织，是自身利益的代表者、维护者和重要保证，从而增强工会意识和强化组织起来维护自身合法权益的观念，激发出加入工会组织的积极性和主动性。同时也使企事业单位各级行政理解组建工会的目的与指导思想，从而消除顾虑和障碍，积极支持职工组建工会和工会小组。宣传动员工作可采取多种方式，如直接利用工会的微信公众号向大家推送宣传材料，利用黑板报、宣传栏、广播、门户网站等载体作广泛宣传，深入职工做扎实细致的思想动员和组织动员工作等。总之是要通过广泛深入的宣传动员工作，形成一个各方联合互动、有利于在企事业单位组建工会和工会小组的良好氛围。

2.登记和发展工会会员

组建基层工会委员会的申请报上级工会批准后，在广泛深入宣传发动的同时，要努力做好会员的发展和登记工作。要配合基层工会筹备组组织职工填写《中华全国总工会入会申请书》和《工会会员登记表》。经基层工会筹备组审查符合工会会员资格后，发给会员《中华全国总工会会员证》。发展工会会员应注意发现和培养骨干，通过发挥他们的作用来做好全体职工的工作，协助筹备组动员职工加入工会组织，并依靠他们开展工会各项活动。

3.组建工会小组

组建工会小组是民主选举产生工会小组长的基础条件，在完成上述组建工会小组程序后，即可实施民主选举工会小组长。

工会小组长的产生，在程序上可以先由小组会员广泛提出候选人，经过充分酝酿，最后在小组全体会议上以举手表决或无记名投票的方式选举产生。参加会议选举的会员人数必须超过会员总数的1/3，得票者超过会员总数半数的人当选，最后报上级工会批准。搞好工会小组长的民主选举工作应注意以下几点。

一是企事业单位工会在组织选举工会小组长时，不能包办代替或圈定人选举。

二是会员在选举时，应认真了解候选人的情况，充分衡量候选人是否具备工会小组长的基本素质。要把最有工会工作热情，有能力、有热心，能赢得会员信任的会员选为小组长。这里切忌草率行事，更不能采取"哄选"的办法。

三是选举尽可能采取无记名投票的方式。

四是选举要充分体现全体会员的意志和要求，使广大会员能够把自己信任的人选为工会小组长。

五是工会小组长的任期与基层工会或分工会委员会的任期相同，可连选连任。

第二节　工会小组长应具备的条件

工会小组是工会会员参加工会活动的最基本渠道，选举工会小组长是工会会员参与工会活动的权利之一，而工会小组长是工会小组活动的带头人，工会小组长选择的好坏关系到会员参加工会活动的有效性。工会会员要想在工会活动中充分体现大多数人的意愿，真正有人为会员说话办事，认真选好自己的工会小组长就十分关键。另外，如果工会会员本身热爱工会工作，愿意为会员说话办事，也可以积极竞选工会小组长。

要选好工会小组长，首先就要确定和把握好工会小组长应当具备的条件，这可以从以下几方面进行考虑。

《中国工会章程》对工会干部条件的规定，是确定工会小组长应具备条件的直接依据。按照《中国工会章程》第三十一条要求，"各级工会组织按照革命化、年轻化、知识化、专业化的要求，落实新时代好干部标准，努力建设一支坚持党的基本路线，熟悉本职业务，热爱工会工作，受到职工信赖的干部队伍"。第三十二条要求工会干部要努力做到以下几方面。

一是认真学习马克思列宁主义、毛泽东思想、邓小平理论、"三个代表"重要思想、科学发展观、习近平新时代中国特色社会主义思想，学习党的基本知识和党的历史，学习政治、经济、历史、文化、法律、科技和工会业务等知识，提高政治能力、思维能力、实践能力，增强推动高质量发展本领、服务群众本领、防范化解风险本领。

二是执行党的基本路线和各项方针政策，遵守国家法律、法规，在改革开放和社会主义现代化建设中勇于开拓创新。

三是信念坚定，忠于职守，勤奋工作，敢于担当，廉洁奉公，顾全大局，维护团结。

四是坚持实事求是，认真调查研究，如实反映职工的意见、愿望和要求。

五是坚持原则，不谋私利，热心为职工说话办事，依法维护职工的合法权益。

六是作风民主，联系群众，增强群众意识和群众感情，自觉接受职工群众的批评和监督。

上述六个方面的要求，既是对各级工会干部的要求，也是工会干部任职的必需条件。以此为依据，结合基层工会工作的特点和工会小组实际开展工作的需要，工会小组长应具备的条件，一般来说，就是要政治素质比较好，对班组生产、工作比较熟悉，有一定组织领导能力，受到会员和职工群众的拥护和信赖。具体来说，则是热爱工会工作，受到大多数组员的拥护；办事公道，作风正派；是本班组的生产、工作骨干；有一定的组织领导能力；身心健康，能胜任工作。除此之外，班组还可以根据班组工作的具体情况和特殊要求确定一些其他方面的条件。

第三节　工会小组长的岗位职责和职权

工会小组长的岗位责任是指工会小组长在工会小组领导岗位上所应履行的义务。工会小组长的职权则是指基于工会小组长的职务而应当享有的履行职务职责所需的权限。工会小组长的职权和岗位责任两者合一，就是工会小组长的职责。

（一）确定工会小组长职权和岗位责任的法律依据

影响确定工会小组长职权的因素固然很多，但最根本的还是要坚持从工会小组工作的实际出发，坚持依法设定。

我国《工会法》《劳动法》《企业法》《公司法》等法律以及相关的政策法规，都对工会的权利、义务作出明确规定。从权利看，包括如下内容。

一是工会的代表权。工会有代表职工合法权益的权利。《工会法》第二条第二款规定："中华全国总工会及其各工会组织代表职工的利益，依法维护职工的合法权益。"《劳动法》第七条第二款规定："工会代表和维护劳动者的合法权益，依法独立自主地开展活动。"

二是工会的维护权。工会有依法维护职工合法权益的权利。《工会法》第六条第一款规定："维护职工合法权益、竭诚服务职工群众是工会的基本职责。"工会行使维护权应当处理好全国人民总体利益与职工具体利益的关系，其中代表和维护职工具体利益是工会维护的基本出发点和基本职责。

三是工会的参与权。工会有代表职工参与管理国家事务、管理经济和文化事业、管理社会事务，参与企业、事业单位、机关、社会组织的民主管理的权利。工会参与国家和社会事务的管理，包括参与立法、参政议政等内容，参与企事业单位管理则包括通过职工代表大会和其他形式参与企事业单位民主管理和民主监督、参与企业劳动争议处理等。

四是工会的监督权。工会对国家行政机关和用人单位在执行国家劳动法律法规和相关政策上有监督的权利。我国法律确认和保障工会的监督权。如果没有监督权，工会的其他权利便难以有效行使。

五是工会的协商谈判权。工会有代表职工与企业一方就劳动报酬、工作时间、休息休假、劳动安全卫生和社会保险福利等事项进行协商谈判、签订集体合同的权利。在社会主义市场经济条件下，工会代表职工与用人单位进行协商谈判、签订集体合同已成为协调劳动关系的一项重要机制。

从义务看，我国《工会法》关于工会义务的规定主要包括以下内容。

一是维护国家政权，支持协助企事业单位行政工作。维护社会主义国家政权，支持协助人民政府和用人单位开展工作，是社会主义国家工会的特有义务。这是由工会与社会主义国家、用人单位在根本利益上的一致性决定的。

二是动员和组织职工参加社会主义经济建设。社会主义经济建设不仅是政府及用人单位的任务，同样也是工会应当履行的义务。工会参加社会主义经济建设的方式，不同于行政部门直接组织指挥生产经营，而是通过引导的方式，吸引广大职工参加经济建设；调动职工的积极性，提高职工的文化和业务素质，促进社会生产力的发展。

三是教育职工，提高职工素质。这是我国工会的一项重要义务。特别是在大力发展科学技术、努力提高企业核心竞争力的今天，造就一支有理想、有道德、有文化、有纪律的职工队伍，更具战略意义。

法律法规政策对工会权利义务的规定，既是确定工会小组长职权的基本依据，同时也是对其职权和岗位责任的界定与保障，应当根据工会小组的管辖范围和权限，使之具体化，以便于操作和实行。

（二）工会小组长的职权

工会小组长具有双重身份，他既是工会最基层组织的代表，又是工会小组实际工作的主持人和负责人，因此，确定工会小组长的职权就要充分考虑满足适合这两种身份的需要。

1.工会小组长作为工会最基层组织的代表行使的职权

工会小组长是工会小组发挥工会代表、维护、参与和监督作用的组织者和领导者，可以代表工会小组和班组职工行使基层所属工会小组应当享有的基本权利。

（1）代表和维护权。代表和维护职工群众的合法权益是工会的基本职责，工会小组长履行这一职责是建立在代表和反映班组职工意愿、呼声和要求的基础上。工会小组长在本级工会权限范围内，有权代表和维护职工民主管理权利及切身利益，有权要求有关部门对一些侵犯职工合法权益的行为进行纠正，有权要求同级行政改善职工的劳动条件及物质生活与文化生活设施。企事业单位辞退和处分职工不当，工会小组长有权代表工会小组和职工向所在企事业单位工会反映，要求企事业单位行政方面改变或撤销辞退或处分的决定。在涉及职工劳动、生活、休息等生活福利方面的问题上，工会小组长有权代表工会小组会同班组行政乃至参与上级行政共同制定一些重要政策和措施。

（2）参与权。工会小组长有权代表班组职工参与班组行政管理，有权参与班组制订有关劳动及其他涉及职工切身利益的管理制度，有权对其他各种制度草案提出意见和建议，有权参加制订班组生产、工作及发展计划，并就班组各方面的工作提出建议，有权参与班组研究、解决涉及职工具体利益的会议、参与制订重要的办法措施。

（3）监督权。工会小组长有权组织和代表班组职工参加班组民主管理和民主监督。有权对劳动法律、行政法规、政策和措施以及企事业单位的厂纪厂规等在班组的实施实行监督，有权参加上级工会组织的监督，有权监督检查班组民主管理的执行情况，保障班组职工民主权利的行使，在监督的基础上组织班组职工对班组工作和班组长开展客观、公正的评议。

2.工会小组长作为工会小组日常工作的负责人、主持人行使的职权

工会小组长作为工会小组日常工作的主要负责人，要履行好自身的职

责，必须赋予相应的权力。

（1）自主开展工作权，即在班组党小组和上级工会的领导下，依法独立自主开展工作。工会小组长有对工会小组内部的工作进行计划、组织、领导、监督和控制的权力，有对开展工会小组各项活动的独立自主权。

（2）知政权，即有权参加班组的有关会议，阅读有关文件，查询了解有关情况，有权对班组的经济、生产、生活等各项工作进行了解调查。

（3）协调权，即协调工会小组与班组党小组、班组行政之间的关系，协调工会小组内部，以及班组职工之间、班组职工与其他职工之间的关系，参与劳动争议的调解。

此外，工会小组长作为工会小组工作的主持人，也需要赋予一定的权力，可以保证工会小组活动有序高效地进行。这些权力包括：对工会小组内部日常事务有决定权和处理权；负责召集和主持工会小组会议，对会议议题、议程有决定权；研究决定搞好班组民主管理的有关问题，组织职工开展工会组织的各项活动。

（三）工会小组长的岗位责任

工会小组长的岗位责任是指在工会小组长职位上分内应做的事。工会小组长的岗位责任既是工会小组长应尽的义务，也是对工会小组长的基本要求和考核工会小组长是否合格的基本标准，作为一名合格称职乃至优秀的工会小组长，首要的就是要尽职尽责。

制定工会小组长的岗位责任应从企事业单位和工会小组工作的实际出发，坚持责权匹配原则，责权匹配就是指工会小组长承担的责任和被赋予的权力要相一致，做到有责必有权，有权就必须负责。责权匹配是组织领导的一条基本原则，也是工会小组长有效履行岗位责任的重要基础。根据这一原则和前述工会小组长的职权，参考一些基层单位工会小组工作的实践，工会小组长的岗位责任主要包括以下几方面。

一是了解组员的工作、思想、生活状况，联系实际做好工会小组职工的日常思想政治工作。

二是带领工会小组职工积极参加政治、业务、文化学习，提高职工队伍素质，开展有益于职工身心健康的文娱体育活动。

三是动员职工群众参加班组民主管理，配合生产组长抓好班组生产，组织开展劳动和技能竞赛，努力完成班组的生产和工作任务，做好劳动和技能竞赛的宣传、评比、总结和表彰工作。

四是关心职工生活，热心为职工办实事，经常进行家访谈心，对伤、病职工进行慰问，开展小组的经济、劳动、生活互助活动。

五是加强工会小组的自身建设，定期开好工会小组民主生活会，传达上级工会决议，讨论小组工作，开展批评与自我批评，融洽班组成员的相互关系，增进班组团结。

六是进行会员权利义务的教育，做好发展新会员和按时收缴会费的工作。

七是做好班组劳动争议的调解工作，实事求是向上级工会和党政领导反映班组成员的正当要求，依法维护职工群众的合法权益。

八是加强工会小组的制度建设，建立健全工会小组的民主制度、工作台账等，用科学的制度来规范工作，努力把班组创建成温馨的"职工小家"。

第四节　工会小组长的工作原则和履职要求

工会小组长开展工作、实施组织领导，必须遵循一定的工作原则、符合履职的要求，否则就难免使工会小组的工作走偏方向或达不到预期的目的效果。因此，明确工作原则和履职要求对于工会小组长开展好工会小组的工作十分重要。

（一）工会小组长的工作原则

工会小组长的工作原则，就是指工会小组长组织领导工会小组工作应当遵循的行为准则，它是工会小组长开展工作的基本思想指导，也是其做好工会小组工作的可靠保证。

1.坚持自觉接受同级党组织和上级工会组织领导的原则

党是工人阶级的先锋队，是中国特色社会主义现代化建设事业的领导核心，工会只有自觉接受党的领导才能保持坚定正确的政治方向，才能团结带领广大职工为实现党的纲领和目标，为实现工人阶级的根本利益而奋斗。自觉接受党的领导，这是各级工会组织都必须遵循的根本准则，作为工会最基层组织的工会小组也不例外。

工会小组长坚持这一原则，就是要自觉积极主动地接受班组党组织的领导，坚决贯彻执行基层党组织的工作方针、工作部署和工作要求，并努力把党的路线方针政策落实到最基层的职工群众之中。同时，作为工会的最基层组织负责人，又要自觉接受上级工会组织的领导，坚决贯彻落实上级工会组织的工作部署和工作要求，组织领导和开展好工会小组的工作。

2.坚持一切从实际出发、实事求是的原则

工会要自觉接受同级党组织和上级工会组织的领导，但更需要独立自主地开展工作，尤其是市场经济下的基层工会小组工作，更需要有积极性、主动性和创造性。基层工会小组既成千上万，又千差万别，其内部状况和外部环境也不一样。因此，工会小组长组织领导工会小组工作就必须一切从自己所在工会小组的实际状况出发，坚持实事求是、有针对性地处理问题，切忌一般化、一刀切和大轰大嗡的做法。

3.坚持竭诚为班组职工服务的原则

竭诚为职工群众服务是工会工作的根本宗旨，也是工会小组长从事工会小组组织领导工作应遵循的又一重要原则。工会小组长一定要树立群众观念，坚持想职工群众之所想，急职工群众之所急，把竭诚为班组职工群众服务作为工会小组一切工作的出发点和落脚点。竭诚为班组职工群众服务，就要关心小组会员和班组职工的生活、维护他们的合法权益。要多为小组会员和班组职工办实事、办好事，努力解除他们的后顾之忧。对于那些侵犯班组职工合法权益的行为，要及时向侵权方提出要求纠正或向上级工会组织反映、协助上级工会要求有关方面予以纠正。工会小组长把上述

这些方面的工作做好，可以消除职工的各种顾虑，使之感觉到组织的温暖，增进组长与组员之间以及组员与组员之间的感情，从而共同建设一个和谐的工会小组和生产、工作班组。

4.坚持调动小组会员和班组职工积极性的原则

激发工会小组的活力，发挥小组会员和班组职工的积极性，既是工会小组长工作的原则，也是工会小组组织领导工作的目的。工会是群众组织、民主组织，尤其是在基层工会小组，工会的群众性、民主性就应更加突出，要调动小组会员和班组职工的积极性，会员办工会、民主办工会，共同把工会小组的事情做好。工会小组长要善于协调人际关系，努力在工会小组和班组职工中营造良好的和谐氛围，以利于形成较强的凝聚力和向心力，从而为调动小组会员和班组职工的积极性、顺利开展各项活动创造有利的条件。

（二）工会小组长的履职要求

履职要求是指对如何行使职权和履行岗位责任的一种规范或标准。它像一把尺子，可以衡量出领导者是否能够或者已经有效地履行了自己的领导职责。工会小组长的履职要求就是对工会小组长行使职权和履行岗位责任的一种规范或标准。对工会小组长来说，明确职权和岗位责任固然是做好工会小组领导工作的前提，但正确有效地行使职权和履行岗位责任才是工会小组长做好工会小组组织领导工作的关键。因此，工会小组长对履职要求必须深刻认识和充分掌握。

1.工会小组长必须树立正确的职权观

职权观是指对职权的基本认识和看法，它是领导者行使职权行为的思想指导，有什么样的职权观，就会有什么样的用权行为。因此，工会小组长要做到正确行使职权，首先就要树立正确的职权观。

树立正确的职权观就要明确权力的来源、权力的性质、为谁用权和如何用权。工会小组长是经工会小组全体会员民主选举产生的，因此其职权是小组会员和班组职工群众赋予的，它本质上仍然是会员和职工群众的权力，不是工会小组长个人的权力。工会小组长职权的来源和性质决定了工会小组长必须牢固树立起"权为民所用"的职权观。除此之外，工会小组长还要牢固树立起依法用权的观念。工会小组长的职权是依法确定的，因此工会小组长对职权的行使，必须按照党和国家的方针政策和有关法律法规规范进行，任何与此相悖的行为都是绝对不允许的。

　　总之，工会小组长只有树立正确的职权观，全心全意为小组会员和班组职工服务，才能赢得他们真心实意的信赖、支持与拥护。工会小组长树立正确职权观的主要途径是提高政治素质，坚定理想信念，讲学习、讲政治、讲正气，并注意从实践中不断总结经验和经受锻炼。

2.工会小组长必须增强责任意识

　　增强责任意识就是要始终牢记和做好自己分内应当做好之事。党的根本任务和目标，就是要最大限度地实现好、维护好、发展好包括工人阶级在内的最广大人民的根本利益。工会小组长增强责任意识，从客观层面看，就是要以强烈的事业心、高度的责任感和奋发有为、昂扬向上的精神状态，牢记党的嘱托和广大职工群众的期望，忠实地履行工会的基本职责和社会职能，代表和维护职工群众的合法权益，诚心诚意为职工办实事，尽心竭力为职工解难事，坚持不懈地为职工做好事。从微观层面看，就是要正确认识和行使工会小组长的职权，牢记自身的岗位责任和应尽义务，扎实有效地把工会小组的各项工作认真开展好，并力求使之取得显著成效。工会小组长只有不断增强责任意识，才能尽职尽责地做好工作。

3.工会小组长必须把握工会工作的特点

　　工会是群众组织，工会工作是群众工作，因此，工会小组长在行使职权和履行岗位责任时，就必须充分认识和把握工会工作的群众性特点。工会小组长在其组织领导活动中，应当树立起以非权力影响力为主、强制性影响力为辅的观念。在日常工作中，善于用自己优良的品行和表率行为去影响小组成员，获得他们的理解、尊重和支持，并逐渐在他们当中形成一种感召力、凝聚力，激发出他们自觉自愿追随的行为动力。工会小组长只有按照工会工作群众性的特点，真正把小组会员和班组职工动员起来、发动起来、团结起来，共同为实现工会小组工作目标而奋斗，才是充分有效地履行了自身的职责，才会使工会小组工作取得显著成绩，不断开拓出新的局面。

4.工会小组长必须努力创造良好和谐的工作环境

工会小组工作涉及工会小组内外方方面面，如何创造一个良好和谐的内外工作环境，这是工会小组长行使职权和履行岗位责任必须充分认识和高度重视的重要问题。良好和谐的内外环境是工会小组长有效履行职责的重要条件。

首先，要协调好工会小组同班组党组织、班组行政的关系，努力争取和赢得党政的重视与支持；

其次，要协调好工会小组内部的关系及与上级工会组织的关系，使工会小组工作顺畅有序；

最后，要协调好工会小组与班组职工的关系，密切同班组职工的联系，赢得他们的信赖与拥护。

从目前情况看，工会小组长履行职责的大环境是好的，但也有些基层工会小组长，职责不甚明了，缺乏工作主动性，难以充分履行自身职责。这就需要工会小组长发挥自己的主观能动性，运用高超的工作方法和艺术，努力创造一个良好和谐的工作环境。

5.努力缩小角色差距，做合格的工会小组工作领导者

角色原本指文艺舞台上由演员按剧情要求扮演的各种不同类型的人物。把角色引入工会领域，则是指处于工会组织体系中不同位置并按不同规范要求限定而进行活动的工会工作者。工会小组长的角色和角色要求具有确定性和发展性，因此在实际工作中，工会小组长能否达到角色的要求，担当好自身应担当好的角色，则需要研究。这就是通常所说的角色差距问题。角色差距是指理想角色与实际角色的差距。理想角色是人们对特定角色的理想要求，反映的是人们的期待。实际角色是指现实生活中的角色行为，反映的是角色的实践程度。当处于某一角色位置的人不知道人们对自己所担当角色的理想要求时，他就不可能有人们所期待的行为产生，因而出现角色差距，但当处于某一角色位置的人已经知道了人们对自己的理想要求，然而由于种种原因，时常不能达到人们的理想要求时，也会产

生角色差距。所以说，在实际工作中，工会小组长实际所做的与各方面所期望与要求的，可能会有一定的差距。

工会小组长产生角色差距的原因是多方面的，但综合起来不外乎是两个方面，即主观方面和客观方面。从主观方面看，一是认识上的原因，有的工会小组长本身可能并不愿干工会工作，只是组织上服从的结果，心里并不心甘情愿，因而在思想上和行动上总是不能全身心地进入角色；有的工会小组长则是对自己的角色认识模糊，不明确所担当职务的权利义务及组织和职工群众对自己的期望与要求，在工作上总抓不到点子。二是自身素质的原因。从目前情况看，少数工会小组长素质偏低、工作能力不强仍是造成工会小组长角色差距的最主要原因，也是目前亟待解决的重要问题。从客观方面看，工会小组长能否发挥好角色的作用，一定程度上取决于基层工会及各级组织的重视与支持，同时新形势下工会小组工作的复杂性和要求的提高，也大大增加了工会小组长工作的难度，工会小组长的角色既是机遇，又面临挑战。

尽快消除角色差距，是工会小组长面临的重要任务，否则就难以适应新形势下工会小组工作的需要，不能满足党和职工群众的要求。消除角色差距要根据每位工会小组长的实际情况，找出原因，对症下药。消除角色差距需要持久努力，关键还是要看实际工作有无起色，是否符合了党和职工群众的期望与要求。工会小组长应当坚信，只要始终保持良好的精神状态、进取之心，不断提高自身素质，勇于在工作实践中锻炼，就一定能够收到显著成效，成为一个出色的工会小组长。

第三章
工会小组长的领导方法与领导艺术

　　领导方法与领导艺术是一门科学，它是在总结丰富领导工作经验的基础上产生的，它揭示的是领导工作的一般规律。工会小组长可说是"兵头将尾"，其工作方法与工作艺术也属领导科学的范畴。因此，只有掌握了工会小组长领导方法与领导艺术并善于运用于工会小组领导工作实践的人，才称得上是有领导能力的工会小组长。

第一节　工会小组长领导方法与领导艺术概述

领导方法与领导艺术是工会小组长做好工会小组领导工作的途径和手段，学习掌握这一途径和手段并善于在实际工作中正确运用，是工会小组长必备的基本功，它对于工会小组长提高领导工作能力，从容娴熟地应对日益复杂、不断变化、要求更高的工会小组工作至关重要。工会小组长掌握领导方法与领导艺术必须结合自己的工作实际，即应掌握工会小组长的领导方法与领导艺术。

（一）工会小组长领导方法与领导艺术

1.工会小组长领导方法

工会小组长领导方法是人们的一般认识方法和工作方法在工会小组长领导工作中的具体运用，是工会小组长认识和把握自己所领导的工会小组工作环境及系统，并组织该系统为达到工会小组工作领导目标而采取的一系列方式手段的总和。工会小组长领导方法是以马克思主义哲学认识论和方法论为指导，以现代领导科学理论为基础，学习借鉴传统与现代管理的基本方法，结合工会小组自身特点，并在不断探索总结、积累大量工会小组长领导工作实践经验基础上形成的，它是工会小组长思想方法和工作方法的综合体现。工会小组长领导方法具有以下四个主要特征。

（1）客观性。工会小组长领导方法不是工会小组长头脑中的主观产物，它是工会小组长在长期领导活动中不断锤炼并经实践反复检验逐渐形成的。这就是说，工会小组长领导方法是建立在工会小组长领导活动客观规律的基础上，揭示的是该领导系统运动规律内在的、本质的、必然的和稳定的联系。工会小组长选择何种领导方法带有一定的主观性，但领导方法的内容是客观的，并受客观规律所制约。因此，工会小组长不能随意选择领导方法，而是选择的领导方法要与领导过程和领导对象相适应。一名优秀的工会小组长就在于他能善于透过纷繁复杂的客观现象，准确地分析工会小组领导工作的运动规律，从中找出最优的领导方法。

（2）层次性。工会工作的丰富多样性，决定了工会领导方法的多层次性。多层次是指不同类型的领导方法，以及在每种类型领导方法内部，都形成了一定的层次结构，这些不同类型、不同层次的领导方法起着不同的作用，且相互渗透、相互补充。工会领导方法的多层次性要求不同的工会领导层次应采取不同的领导方法，针对不同的任务，采用方法也要有所区别。工会小组的领导工作是工会最基层、最基础的领导工作，工会小组长的领导方法就是适应工会最基层、最基础领导工作的领导方法。工会小组长领导方法的层次性，决定了工会小组长应当从工会小组领导工作的实际出发，针对不同情况，全面掌握和灵活运用工会小组长领导方法。

（3）发展性。工会小组长领导活动中被领导者和领导环境是在不断变化的，因此，工会小组长就应该根据变化了的情况，采取相应的领导方法。尤其是在改革开放不断深化、社会主义市场经济不断发展的新形势下，工会面临的任务和工作目标都与过去有了很大不同，这也同样发生在工会的最基层组织。工会小组工作中出现的许多新情况、新问题，需要工会小组长及时更新自己的领导方法，这样才能使工会小组的领导活动协调和谐发展。工会小组长既要继承和借鉴好的传统领导方法，又要不断发展、创造新的领导方法。因循守旧、墨守成规只能使工会小组长的领导工作缺乏活力、生硬僵化。

（4）群众性和民主性。工会是群众的组织、民主的组织，工会领导活动是广大会员群众参与的活动，这就决定了工会小组长在实施领导过程中，必须坚持走群众路线，选择会员群众所能接受并愿意服从的好的工作方法。工会会员在工会组织内享有广泛的民主权利，要使会员群众在工会组织中真正当家作主，也要求工会小组长在领导方法上充分体现民主性，并把民主与集中有机地统一起来。工会小组长领导方法的群众性与民主性，体现了工会小组长领导活动的规律，只有始终坚持和认真把握，工会小组长才能出色地做好工会小组的领导工作。

2.工会小组长领导艺术

工会小组长领导艺术是指工会小组长作为工会小组的领导者在解决实际问题时表现出的学识、才能、智慧和技巧。它是建立在一定的知识、经验和辩证思维基础上的对工会领导方法、方式的创造性运用，是非规范化、非程序化的领导行为。从这一定义看，工会小组长领导艺术的概念从本质上说，至少应包括四方面内容。

（1）工会小组长领导艺术是工会小组长作为工会小组领导者在思考和处理问题时的随机处置能力。它不是按照既定模式和程序经办事情，也不是单纯运用数学分析方法解决问题，而是根据不同的时间、地点和条件，随机应变，凭直觉判断认识事物、处理问题。

（2）工会小组长领导艺术是工会小组长自身阅历、知识和经验的总结与运用。工会小组长领导艺术需要有较高的理论素养作基础，但它又并非单纯按照逻辑顺序和逻辑规则从理性的抽象来分析处理问题，恰恰相反，它是由经验所提炼、升华而成的，凭着工会小组长丰富的阅历和智慧来分析处理问题。不管领导艺术如何高超和巧妙，总是不可避免地带有主观经验的痕迹，而且往往是有一定程度的个人感情色彩，有着感染人、吸引人的魅力。

（3）工会小组长领导艺术是一种生动活泼、丰富多彩、千姿百态的领导技艺。它主要体现为工会小组长对具体工作的灵活、巧妙与和谐的加工处理，从而给人一种美的感受。不同个性的工会小组长在处理相同的事情中，往往办事技巧会迥然不同，甚至同一位工会小组长在处理同类问题时，也会有不同的解决办法。越是出色的工会小组长领导艺术范例，越是有艺术性的魅力，使人不仅领悟到个体工作本身的完美正确，还感受到回味无穷的艺术风采。

（4）工会小组长领导艺术是工会小组长自身创造力的展示。没有创造力就谈不上领导艺术。工会小组长领导艺术是智慧和才华的结晶，它并不因循守旧、墨守成规，而是构思新颖、风格独特，常有惊人的独到之处。越是处理复杂事物，这种创造性就表现得越突出。

工会小组长领导艺术同一般领导艺术同属一个范畴，作为同类事物，一般领导艺术的特征，如科学性、发展性和广泛的运用性，以及经验性、灵活性和多样性等，同样也体现在工会小组长领导艺术上。但既然是工会小组长领导艺术，就不能不带有鲜明的工会领导工作特色，表现出与一般领导艺术特征在共同性基础上的差异性。工会是职工群众自愿结合的工人阶级群众组织，工会的性质决定了工会的一切工作，包括领导工作必然带有群众性、民主性的特征，所以，群众性、民主性应是工会小组长领导艺术区别于一般领导艺术的两个最基本的特点。在群众路线的领导方法与有效的工会小组领导经验相结合基础上形成的工会小组长领导艺术。

（二）工会小组长领导方法与领导艺术的关系

工会小组长领导方法是指工会小组长为达到一定的领导目标而进行的认识活动和实践活动的方式和手段。工会小组长领导方法是以马克思主义的认识论和方法论为指导，以现代领导科学理论为基础，结合工会组织，特别是工会最基层组织的特点，学习借鉴现代管理的基本方法而形成的，是工会小组领导者的思想方法和工作方法的综合体现。工会小组长领导艺术是指工会小组长在解决实际问题时所表现出来的学识、才能、智慧和技巧。它是建立在一定的知识、经验和辩证思维基础上的对工会小组长领导方法、方式的创造性运用，是非规范化、非程序化的领导行为。工会小组长领导方法和领导艺术都是在工会小组长领导活动中为达到某种目的、完成某种任务而采取的方式和手段，它们同属于工作方法的范畴。但是，工会小组长领导艺术又不同于工会小组长领导方法，它是对工会小组长领导方法的创造性运用，是领导方法的高级形态。

1.工会小组长领导方法与领导艺术的区别

（1）工会小组长领导方法有比较稳定的程序，可以做比较精确的规范，有定型化的特点，而工会小组长领导艺术则不拘一格，很难做出精确的规范，全靠工会小组长根据自己的学识、才能、胆略、经验去灵活掌握，因而具有灵活性和随机性的特点。

（2）工会小组长领导方法是具有普遍意义的方法，更具一般性，而工会小组长领导艺术则只属于那些有知识、有才能、有胆略、有经验、富于开拓创新精神的工会小组长的出色创造。总之，如果把工会小组长领导方法比作解决问题的工具，那么，工会小组长领导艺术则是运用工具的方式和技巧。

2.工会小组长领导方法与领导艺术是互相联系的

一方面，领导方法离不开领导艺术，领导方法要通过领导艺术才能体现出来；另一方面，领导艺术也离不开领导方法，领导艺术是以领导方法为前提，在熟练掌握领导方法之中不断创新、不断发展的。工会小组长通过领导方法的经验总结和积累升华为更高超、更奥妙的领导艺术。正确认识领导方法与领导艺术之间的辩证关系，是工会小组长做好工会小组领导工作、提高领导效能的重要条件。

3.工会小组长掌握领导方法与领导艺术的重要性

（1）掌握工会小组长领导方法和领导艺术、做有创新能力的工会小组领导者，这是新时代对工会小组长提出的新要求。工会小组长只有在不断的学习实践中，把提高领导方法和领导艺术作为自身素质能力修炼的重要内容，才能不断提高领导水平，肩负起自身所应承担的责任，不辜负党和上级工会组织的重托、班组职工的期望，才能团结带领小组会员和班组职工全面履行工会的各项社会职能，在促进企事业单位发展中，充分发挥工人阶级主力军作用，做出应有贡献。

（2）掌握工会小组长领导方法和领导艺术、做有创新能力的工会小组领导者，是应对工会工作日趋复杂化的需要。我国在国际经济关系中坚持多边主义、发展社会主义市场经济和构建和谐社会，使工会工作的领域更宽，难度更大，水平要求更高。工会小组长必须增强做好工会小组领导工作的能力，掌握高超的领导方法和领导艺术，这样才能不断开拓进取，在解决工会小组工作的复杂矛盾中善于应对，把工会小组工作推向前进，实现创新。

（3）掌握工会小组长领导方法和领导艺术、做有创新能力的工会小组领导者，这是工会小组领导工作自身发展的必然。

①从工会自身性质特点看，工会是职工自愿结合的工人阶级群众组

织，这就决定了工会小组领导工作不同于基层党政系统的领导工作，也不完全等同于其他群众组织的领导工作，工会小组领导工作有自己的特点和活动规律。在工会领导工作中，完全采用党组织的领导方式不行，完全采用行政组织的领导方式也不行，只有采用符合工会性质的领导方式，才能发挥工会组织的优势、体现出工会工作的特点，这就决定了工会小组长在工会小组领导工作中必须掌握和运用工会小组长领导方法和领导艺术。

②从工会工作方法艺术看，工会组织的群众性、民主性，决定了工会工作的方法艺术，主要是说服教育、吸引诱导、较少行政手段以及经济手段乃至法律手段等强制力。要想使职工群众自愿参加工会活动，工会小组长就更需要掌握和运用工会小组长领导方法和领导艺术。

③从工会工作对象看，工会小组工作对象是小组会员和班组职工，他们的觉悟素质有高有低，年龄性别各异，文化程度参差不齐，兴趣爱好也大相径庭，要满足他们的不同要求，要调动他们的积极性，工会小组长需要讲求领导方法和领导艺术。

④从工会工作的内容看，工会小组工作内容十分广泛、涉及的面很宽。上至参政议政，下至职工的生老病死；从群众生产到群众生活；从维护职工合法权益到思想政治工作；从八小时内到八小时外，无论从时间上还是从空间上讲，工作都十分庞杂。工会小组长身处基层一线，就要组织协调好各种关系，处理好各种矛盾，这也要求工会小组长必须掌握好工会小组长领导方法和领导艺术。

（4）掌握工会小组长领导方法和领导艺术、做有创新能力的工会小组领导者，是提高领导效能的重要途径。科学精湛的领导方法和领导艺术，可以使工会小组长取得事半功倍的效果，顺利地达到预期的领导目标。一个有作为的工会小组长，一个有创新能力的工会小组工作领导者，应该是主动地、积极地去掌握和运用与工会小组长领导工作相关的一切工作方法艺术，并善于总结自己的实践经验、学习借鉴他人的成功经验，自觉地、创造性地运用工会小组长领导方法和领导艺术开展工会小组领导工作与各项活动，从而开创工会小组工作的新局面。

第二节　工会小组长的领导方法

工会小组长领导方法内容丰富、种类多样，既包括具有普遍性的基本领导方法，也包括具有针对性的具体工作方法。为便于工会小组长学习掌握，这里仅就工会小组长实际工作中最需要的几种主要方法进行介绍。

（一）群众路线的领导方法

群众路线的领导方法是我们党的各级领导干部联系群众的基本方法，也是工会小组长的基本领导方法。群众路线领导方法的内容就是要一切为了群众、一切依靠群众和从群众中来，到群众中去。工会小组长在掌握和运用群众路线基本领导方法时，要努力做到尊重、信任和服务职工群众，全心全意依靠职工群众，以及认真贯彻从职工群众中来，到职工群众中去的工作方法。工会小组长掌握和运用群众路线领导方法的目的，就是要在工会小组领导工作实践中，发扬密切联系群众的优良作风，努力实现工会小组领导工作目标。

1.一切为了职工群众

一切为了职工群众、全心全意为职工群众服务是工会工作的根本宗旨，也是工会一切工作的出发点和落脚点，这就要求工会小组长当好职工利益的代表者和维护者。一切为了职工群众就是要想职工群众之所想，急职工群众之所急，事事为职工群众谋利益，事事以职工群众利益作为衡量是非和工作好坏的标准，事事向职工群众负责。坚持一切为了职工群众，最根本的是要牢固树立为职工群众说话办事的理念。一个称职的工会小组长，一定要在心目中摆正职工群众的位置，尊重、相信和服务职工群众，树立为职工群众说话办事的理念。工会小组长要把服务职工与履行代表和维护职责结合起来，在服务中体现维护。在工会小组工作实践中，工会小组长更要强化维护职责，要利用自身就身处职工群众中的优势，了解职工当前最为关切、反映最强烈、最迫切需要解决的问题。工会小组长要代表职工群众，着力反映或解决各种难点、热点问题，尤其是对弱势和困难职工更要给予特殊帮助，使为职工群众说话办事的理念得到认真贯彻。

2.一切依靠职工群众

工会是职工群众的组织，工会工作本质上是职工群众的工作，要开展好基层工会小组的工作离不开职工群众的支持与参与。一切依靠职工群众，就是要尊重职工群众，相信职工群众，充分调动职工群众的积极性和激发他们的首创精神。一切依靠职工群众，就要有事同班组职工商量，听取班组职工的意见要求；有事交给班组职工，动员引导他们自己去做；坚持群众自愿的原则，依靠和相信班组职工的大多数。工会小组长要善于组织小组会员和班组职工自己办工会，善于与群众打成一片，在工作方法上充分体现全心全意依靠职工群众的思想。

3.从职工群众中来，到职工群众中去

从职工群众中来，就是把职工群众的意见、要求收集归纳起来，在作认真分析研究的基础上转化为工会领导的各项决定，使领导的意志和职工群众意志趋向一致，体现会员群众当家作主的地位，同时也体现工会领导者自身真正是职工群众的代表者。到职工群众中去，就是指把职工群众的意见转换为工会领导的决定后，在职工群众中加以贯彻，在实践中坚持下去，做出成效。从职工群众中来，到职工群众中去，实际是一种领导与群众相结合的领导方法与工作方法。

工会小组长掌握和运用这一方法时，一是要以小组成员的愿望作为制定工会小组工作目标、计划、方案的基础，为此就要多做调查研究，深入细致地了解小组成员的状况、愿望和要求，掌握第一手资料，并做客观科学的分析研究，为正确决策奠定坚实基础。二是要善于把工会小组的工作计划和方案变成小组成员的实际行动。要达此目的可用三种方法：典型试验，逐步推广；一般号召与个别指导相结合；骨干与群众相结合。前两者就是我们通常所说抓两头带中间的领导方法，即一头抓住先进典型，推广先进经验，使先进更上一层楼，并且带动其他；一头抓好后进典型，具体

帮助指导，促进后进向先进转化，这种方法针对性强、影响力大，效果也更为明显。第三种方法则是指工会小组长要善于发现和组织工会小组和班组职工群众中的积极分子，以他们为骨干，去做多数职工群众的工作，使多数职工群众尽快提高认识、觉悟，共同推进工会小组工作目标的实现。只有努力培养一批工会小组和班组职工中的骨干，并紧紧依靠他们去做班组职工的工作，才能使工会小组的重要决策、意图和工作计划在实际工作中得到顺利、有效的实施贯彻。

（二）发扬民主的领导方法

坚持采取民主的方法处理工会小组的工作，这是工会小组长领导工作应遵循的一条重要原则。这条原则体现的是工会工作的性质和特点，反映的是工会工作和工会领导工作的客观规律。发扬民主的领导方法，就是指工会小组长作为工会小组工作的领导者，要树立会员和职工群众是工会主人的观念，让会员和职工群众来当家作主。坚持民主办工会，其目的就是要调动和发挥会员与职工群众参加工会小组活动的积极性，开启他们的智慧，增强工会小组的活力，更好地凝聚会员与职工群众，不断开创工会小组工作的新局面。

1.健全工会小组的民主生活，切实保证会员群众的民主权利

工会作为工人阶级群众团体，它的内部生活不仅应当是充分民主的，而且本身就必须是民主的模范。健全工会小组的民主生活，切实保证会员群众的民主权利，最根本的是要从实际出发，建立工会小组的民主生活制度，其中尤其重要的是工会小组会制度和工会小组民主生活会制度。工会小组担负着贯彻执行工会工作方针、努力完成上级工会组织提出的各项工作任务的重要职责。小组中有许多工作和问题需要处理、需要解决、需要落实，这就要经常召开小组会并使之形成制度。通过小组会去处理和解决小组工作中的各种问题，落实各项工作任务，所以说，开好工会小组会是发扬民主搞好工会小组活动的基本形式。事实证明，凡是工会小组会开得好、工会活动日坚持好的，工会小组民主气氛就浓，工作开展得就活跃，

会员和职工就团结，工作成效就显著。否则，会员和职工就不能很好地行使当家作主的权利，工会小组就缺乏生气，工作不仅无大的起色，而且发挥不了工会小组应有的作用。此外，工会小组还要定期召开民主生活会，并形成制度。通过民主生活会，针对车间工会、工会小组的工作和每个组员的表现，开展批评与自我批评，肯定成绩，找出差距，明确方向，加倍努力，把小组工作搞得更好。

2.充分调动小组会员群众积极性，努力办好工会小组

工会小组是职工小家，要办好工会小组，就要让小组会员当家作主，充分调动会员办会的积极性。工会小组长要善于组织会员群众自己办工会，当好组织者和引导者的角色。工会小组的特点是直接面对会员和职工，要办的事、要开展的活动多，工会小组长又属兼职，在这种情况下，仅靠工会小组长一人就明显不够了。要适应基层工会小组的具体环境，争取工作主动，从领导方法上讲，关键就是要广泛地吸引会员群众参与工会小组的具体工作，使工会小组的事情由会员群众自己去办。工会小组长在具体组织过程中，一要组织会员群众自我服务，二要建立和发挥好工会小组骨干的作用，三要注意避免包办代替式的行政化倾向。

（三）依法办事的领导方法

我国社会主义市场经济体制的建立完善，民主法治建设的加强，和谐社会建设的实施，以及工会法治化建设的推进，都要求工会小组长必须学习熟练地运用法律手段来依法维权、依法治会，尽快地实现用政策指导工作到依法办事、强化法治的转变，做优秀的现代工会小组领导者。学习、掌握和运用好依法办事的领导方法，要求工会小组长应认真学法、全面懂法、严格用法、做遵纪守法的模范。

1.工会小组长应认真学法

自改革开放以来，我国加强了全面的立法工作。全国人大及其常委会、国务院等都通过和颁布实施了许多部法律法规，基本建立起了适应社会主义市场经济发展和和谐社会建设的法律体系。认真学习这些法律法

规，尤其是涉及工会和职工权益的法律法规，不断增强法治观念，是工会小组长掌握和运用依法办事领导方法的前提。除了学习法律法规，还要特别加强学习我们党和党的主要领导人关于民主法制的理论，切实增强民主法治意识，牢固树立两手抓、两手都要硬的指导思想，提高依法维权、依法治会的能力和水平。

2.工会小组长应全面懂法

作为现代工会领导，工会小组长要熟知各类法律法规，特别是涉及工会和职工权益的法律法规条款及适用范围。要懂得社会主义民主法治建设理论、方针政策，为提高依法办事能力、正确运用依法办事领导方法奠定理论基础。

3.工会小组长应严格用法

掌握工会小组长依法办事领导方法的关键在于用法和实践。因此，工会小组长要在工会小组领导活动中，在各项工作中，严格坚持依法办事，使自己的工作和行为严格限制在法律规定的范围之内。当工会组织、职工群众和自己的合法权益受到侵害时，要敢于和善于运用法律武器。总之，要学会运用法律分析问题和解决问题，从而把领导水平和工作水平提高到一个新阶段。

4.工会小组长应是遵纪守法的模范

工会小组长是工会小组工作的组织者、法律法规的执行者。工会小组长能否肩负起夯实工运事业基础的重任，自身素质的高低、法律观念的强弱，是至关重要的问题。因此，工会小组长必须自觉地学习和遵守宪法和法律，坚决实行在法律面前人人平等的原则，必须在宪法和法律的范围内活动。如果工会小组长成为遵纪守法的模范，那么工会小组的依法维权、依法治会，以及自我保护都将会有大的起色和保障。

（四）说服教育的领导方法

工会作为群众组织，在工作中不能使用强迫命令的手段，而只能运用说服教育的方法，使职工群众信服，并愿意接受工会的组织领导。运用这一方法，能够充分调动职工群众的积极性、创造性，促进工会领导者与职工群众思想认识上的统一，并为完成工会各项任务提供保证。对于工会小组长来说，平时就生活工作在职工群众中，因此，不论做什么工作、处理什么问题，都要坚持运用这一基本方法。只有善于同职工群众交流，才能使工作取得成效。

1.树立榜样、典型引导

树立榜样、典型引导是工会说服教育领导方法的重要内容。榜样和典型是指可以作为学习、仿效标准的，具有代表性的人和事物。榜样和典型具有时代性、指导性、层次性等特征。在工会领导工作中，运用树立榜样、典型引导的方法，是我国工会领导工作的优良传统，也是行之有效的重要法宝。树立榜样、典型引导，可以用先进模范的事迹来组织、宣传、调动、激励职工群众，形成群众性的学先进、赶先进、超先进的热潮，从而推动和促进企事业单位的改革、创新和发展。

在新形势下，工会小组长掌握和运用树立榜样、典型引导的领导方法需要从以下几个方面不断创新。

（1）要注意把握好榜样、典型的先进性，使之符合时代发展的要求。榜样、典型的先进性，应体现在时代精神与时俱进中，蕴含在推动企事业单位和工会工作改革、创新和发展具体实践内，作用于基层会员职工的战斗力和干劲上。及时发现和选树好榜样、典型，首先就要有敏锐的眼光和较强的鉴别力，就要把握住榜样、典型先进性的时代内涵。

（2）要注意培养职工群众拥戴的榜样、典型，树立好促进改革、创新和发展的先进旗帜。榜样、典型的吸引力源于他们与职工群众的零距离，榜样、典型的感召力源于榜样、典型与职工群众的共鸣点。培养职工群众拥戴的榜样、典型，树立好促进改革、创新和发展的先进旗帜，重要的就是要增强会员职工对榜样、典型先进性的认同感、向往感。只有如此，才能使榜样、典型具有厚实的群众基础，叫得响、推得开，转化为推动各项工作不断进步的思想力量、人格力量和精神力量。

（3）彰显先进榜样、典型的推动力，促进班组和工会小组各项工作的开展。选树榜样、典型的目的在于推广和应用，产生群体效应。彰显先进榜样、典型的推动力，就必须全面发挥他们的导向作用，就必须坚持榜样、典型的先进性与广泛性相结合，树立各类、各个层面的榜样、典型。彰显先进榜样、典型的推动力，还必须发挥领导的示范作用。在基层工会小组中，只有工会小组长带头，把学习榜样、典型付诸行动，才能产生强烈的示范作用，才能推动形成向先进学习的良好氛围。

（4）要提高运用榜样、典型引导方法的能力。在榜样、典型的宣传推广方式上，要从实际出发，务求实效，防止形式化和表面化；在榜样、典型推广手段上，要采取多种督促和指导措施，防止"一阵风"；在榜样、典型工作的导向上，要着力优化典型的客观环境，营造良好的氛围。工会小组长只有不断提高运用榜样、典型引导方法的能力，才能使自己在所担负的工会小组领导工作中、在说服教育职工群众中得心应手。

2.耐心说服、善于疏导

工会小组工作的对象是处于基层生产、工作一线的会员和职工。由于受多种因素的影响，即使在同一会员、职工群体中，之间也会存在差异，就思想状况和行为表现而言，总是存在先进、中间与后进的差别。因此，对于会员和职工群众中存在的各种思想认识问题，只能采用民主的方法、讨论的方法、耐心说服和疏导的方法，通过摆事实、讲道理，达到相互之间的理解与沟通，做到以理服人。

耐心说服、善于疏导是工会小组长经常要采用的领导方法和工作方法。耐心说服就是指对会员和职工群众的思想认识问题要抱着正确的态度，允许会员和职工存在这样或那样的看法，以宽容、平和的心态进行沟通，同时又要摆事实、讲道理，进行说服教育，帮助会员和职工提高对是非的鉴别能力和对事物的认识判断能力，纠正不正确的思想认识。耐心说服要防止急躁和简单粗暴。善于疏导就是指说服的方式重在疏通和引导、疏导结合。疏通是广开言路，集思广益；引导是循循善诱、以理服人、说服教育、达成共识。

工会小组长掌握和运用好耐心说服、善于疏导的领导方法和工作方法需注意把握下述问题。

（1）要广开言路，集思广益，循循善诱，有针对性地进行说服教育。

这就要求工会小组长平时要多做调查研究，多和小组会员和职工群众直接接触，力求把握住小组会员和班组职工群众的思想脉搏，这样才能做到对症下药而不是放空炮。

（2）在处理涉及班组职工群众的各种内部矛盾时，尤其是在涉及其利益的复杂问题上，更要注意讲清道理、以理服人。要晓之以理、动之以情、导之以行。

（3）要针对小组会员和班组职工群众的兴趣爱好，采取小组会员和班组职工群众喜闻乐见、灵活多样的方式，寓教于乐，使小组会员和班组职工群众在丰富多彩的活动中受到启发和感染，从而达到自我教育、提高思想觉悟的目的。

（4）要以平等的心态、放在同等的地位去面对工作对象，只有平等待人才不会引起对方的反感。那种居高临下、我讲你听的态度和方式是不可能奏效的。为此，工会小组长要注意尊重小组会员和班组职工群众发表意见的民主权利，允许并鼓励小组会员和班组职工群众发表不同的看法和意见，同时给予耐心说服和疏导。

3.统筹兼顾、重在转化

工会是群众组织，工会小组长的工作应当面向小组会员和班组职工的大多数，不但要重视发挥中老年会员和职工的作用，还要把青年会员和职工作为工作的主要对象；不但要面向先进会员和职工，还要关注尚处于中间和后进状态的小组会员和班组职工。从一定意义上讲，工会小组长做群众工作，主要是做好中间和后进状态的会员和职工的工作。因为中间和后进状态的会员和职工总是大多数，那种只重视先进人物或只注意"抓两头"而忽视中间状态会员和职工的做法，带有一些片面性，不利于工会小组思想教育和转化工作的开展。工会小组长要认真研究探索中间和后进状态会员和职工的思想特点，重视他们的愿望和要求，反映他们的呼声，切实解决他们的实际问题。同时又要从他们现有的思想觉悟程度出发，运用他们所能接受的道理和方法，逐步提高他们的思想觉悟，使会员和职工群众能够依靠自己的努力，自己解决问题。总之，统筹兼顾、重在转化，就是要求工会小组长在实际领导工作中，既要重视发挥先进会员和模范职工的示范、带动作用，更要重视做好中间和后进会员和职工的工作，只有两方面都统筹兼顾，才能促进中间和后进状态会员和职工向先进转化，才能提高小组全体会员和班组职工整体水平。

（五）确定重点、兼顾各方，抓主要矛盾的领导方法

工会小组工作纷繁复杂、具体实际，而且相互联系、相互影响，如果工作安排不当，就会产生顾此失彼的现象。有的工会小组长感到工作难做，原因之一就是还不能熟练掌握和有效运用确定重点、兼顾各方、抓主要矛盾的领导方法。

工会小组工作是不断变化发展的，一个时期有一个时期的中心工作，因此，必须按照计划有主有次地、协调有序地进行。工会小组长要学会抓主要矛盾。事物的主要矛盾，规定与影响着其他矛盾的存在和发展趋向。抓主要矛盾就是要抓住反映主要矛盾的重点工作，这样才能在全面工作上起到主导的作用，推动其他工作的开展。主要矛盾通常是和其他矛盾交织在一起的，这就需要提高分析矛盾的本领，善于从工会小组的各种工作矛盾中，找出能起决定作用的主要矛盾及其主要方面，找出对工会小组全面工作有关键性影响的重点工作。同时还要依据主要矛盾的变化，及时地把握中心工作的转移。抓主要矛盾、确定重点工作并不等于不必顾及其他方面的事情，重点代替不了非重点，相反，非重点问题解决了、非重点工作做好了，更有利于重点问题的解决和重点工作的开展。所以，工会小组长要想做好工会小组工作，就必须学会统一运筹、主次配合、协调推进的领导方法和工作方法，这样才能使工会小组工作全面、健康、协调地向前发展。

第三节　工会小组长的领导艺术

领导艺术是富有创造性的领导方法，是领导者在其知识、经验、才能和素质等因素基础上形成的。作为现代工会最基层组织的领导者——工会

小组长不仅要掌握各种科学的领导方法和原则，同时也要讲究领导艺术，努力提高领导方法和原则的能力与技巧。只有这样，才能更好地带领和引导小组会员与班组职工做好各项工作。

工会小组工作是一个复杂的系统工程，包含方方面面。工会小组长在实施领导过程中需要掌握和运用多种领导艺术，但考虑到工会小组长身处基层工会工作的最前沿，且多是与职工群众打交道的特点，这里选择了几种工会小组长常用也是必备的领导艺术进行介绍。

（一）工会小组长的影响艺术

工会小组长的影响艺术是指工会小组长运用自身影响力去吸引、团结小组会员和班组职工，共同实现工会小组工作目标的技巧。美国著名的管理学家杜拉克曾强调指出，选拔一些没有造就的人做经理是不行的，因为要做一名合格的经理，至少要让下属信服。那么怎样才能让下属信服呢？关键是领导者自身影响力的具备及巧妙的运用。这点对工会小组长来说，不仅不例外，而且还十分突出。

1. 工会小组长的影响力

这里指的影响力是指领导者在法定权的基础上，在被领导者的思想意识中产生一种外在的心理影响，以实现领导目标的能力和机制。这种影响力在领导者影响行为的过程中，一般表现为两种，即权力性影响力和非权力性影响力。

权力性影响力又称强制性影响力，它是由社会或组织赋予个人的职务、地位、权力等因素构成的。这种影响力的特点是以外推力的形式发生作用，在它的作用下，被领导者的心理和行为表现为被动、服从。这种影响力的基础是奖励、惩罚、法定。非权力性影响力又称自然影响力或非强制性影响力，它不是由社会或组织所赋予的，而是由领导者个人的素质和言行等形成的一种影响力。其特点是，对被领导者所产生的心理和行为的影响是建立在他们信服的基础上，是以威信为基础、以自愿为前提的。非权力性影响力对人的激励作用大大超过权力性影响力，这种影响力对领导行为的有效性具有重要意义。非权力性影响力可以概括地体现为"三威"，即威严、威望、威信。能否实现这"三威"，尤其是领导者的威信，是领导者是否具有影响力的重要标志。

工会小组长的影响力，既包括权力性影响力，也包括非权力性影响力，但主要是非权力性影响力。工会小组长作为工人阶级群众组织最基层、最基础组织的负责人、领导者，更应该充分运用和发挥好非权力性影响力，以朴实良好的工作作风努力在小组会员和班组职工中树立自己的威信，调动好自己的影响艺术功能，展现自己在工作中不同凡响的影响魅力，从而使工会小组工作得心应手，充满活力，业绩显著。

2.工会小组长应是具有影响力的工会最基层组织领导者

工会小组长的工作对象、工作任务主要是面向小组会员和班组职工，做会员和职工群众的工作，这就决定了其工作方式主要不是依靠权力，而是要靠自身的影响力。所以，工会小组长必须是具有很强影响力的工会最基层组织领导者。工会小组长应通过不断学习、加强锻炼、认真修养、完善自我、树立威信来增强自身的影响力。

构成工会小组长影响力的因素是多方面的。工会小组长的影响力主要存在于小组会员和班组职工心目中，他们对工会小组长有一种心理评价。工会小组长要在他们当中形成影响力，就必须从品德、才学、业绩、资历和感情等方面加以努力，以构建起自身独具风格的影响力。

（1）工会小组长应具有高尚的品德。高尚的品德是建立威信的最重要的因素。工会小组长要在实际工作中形成使小组会员和班组职工信服和敬佩的高尚品德，即廉洁奉公，不谋私利；作风正派，公正无私；平易近人，体贴下属；严于律己，宽以待人；诚实坦率，言而有信等，这样才能使人感到亲切，受到别人的尊敬，从而形成一种无形的道德感染力和榜样的力量，把整个工会小组队伍带进一种更高的思想精神境界，使工会小组工作的开展更具凝聚力。

（2）工会小组长应具有较丰富的知识和较卓越的才能。是否有较丰富的知识和较卓越的才能，在一定意义上讲也是工会小组长本领大小的重要标志和影响力的重要因素之一。知识丰富并有一定亲和力的工会小组长，能与各种不同层次、不同年龄、不同性别的小组会员和班组职工交流思想，成为知心朋友，从而赢得他们的敬佩与信服。此外，身为工会小组的负责人、小组会员和班组职工的带头人，工会小组长既要组织领导各项丰富多彩的群众活动，又要作为会员和职工群众的代表参与企事业单位各级民主管理，维护职工群众合法权益。工会小组长应在学习和实践中不断提高自己的知识水平和领导才能。

（3）工会小组长应具有优良的业绩。一个优秀的工会小组长，必须以事业上的成功立威于众，没有业绩的领导者是不可能有很高威信的。周恩来同志曾经强调，领导威信不是从掩饰错误中而是从改正错误中提高起来的，不是从自吹自擂中而是从埋头苦干中培养起来的。工会小组长要脚踏实地做好自己的本职工作，精通工会业务，取得实际绩效，用优良的业绩来赢得小组会员和班组职工的赞赏和钦佩，威信也就自然而然建立起来了。工会小组长要取得优良业绩，最重要的是了解会员和职工群众的意愿和要求，切实为他们办实事、办好事，维护他们的具体利益。

（4）工会小组长应有一定的资历。我们强调资历是构成领导威信的要素之一，绝不是搞论资排辈。资历虽然并不能说明一个人的未来，但可以说明一个人的过去，并从过去找出对未来可能产生某种有利影响的积极因素。对工会小组长来说，凡是过去经历的事情，无论是成功还是失败或者走过什么弯路，都可以从积极的角度为今后如何获得成功，提供各种有益的切身体会和感受，以使自己今后在工作中少走弯路，获取成功。因此无论是过去成功的经验还是失败的教训，对工会小组未来的工作来说都是难得的宝贵财富。一般来说，下级在观察和评估自己的领导时，也总是习惯于把他的现在和过去联系起来，设法了解上级领导过去的领导成效。若是上级领导过去在某方面有过多年的实践经验，建立过辉煌的业绩，下级就自然在心目中产生一种敬佩心理。由此可见，工会小组长若是多年从事工会工作，具有丰富的实践经验，建立过出色的业绩，这种较高资历对于其形成领导威信是非常重要的。

（5）工会小组长应对工会工作具有深厚的感情。感情是建立人际关系的重要基础。感情因素对领导者的威信形成起着重要作用。工会小组长是小组会员和班组职工最可信赖的领导者，其自身与小组会员和班组职工有着天然的联系，具有良好的感情基础。工会小组长要在工作中充分运用情感因素，做到尊重人、关心人，善做思想政治工作和切实为会员、职工说话办事、排忧解难，只有这样，工会小组长才能真正与小组会员和班组职工建立起和谐融洽的感情，树立起真正的威信。

（6）工会小组长必须具有"言必信，行必果"的作风。"言必信，行必果"源于《论语·子路》，原意是指，说了的话一定要算数，做事情一定要坚决，这也是领导者应该继承的优良传统作风。各级领导者言行一致，讲真话，办实事，才能取信于群众。好的领导者，不会轻易许诺，他总是言出必行，一旦承诺，必会信守诺言，进而得到群众的信赖和尊敬。工会小组长在日常工作中，说话办事一定要言而有信，讲求实效，只有这样，会员和职工群众才会心服口服，小组长威信也会不断提高。

工会小组长按照上述六方面要求去努力，其自身的影响力将会大大增强，这对于做好工会小组工作是大有益处的。

3. 工会小组长发挥影响力的途径与艺术

工会小组长不仅要具有影响力，而且要充分发挥影响力，只有这样才能把小组会员和班组职工紧密地团结吸引在自己的周围，共同做好工会小组的工作。工会小组长的作风、威信和形象是其整体素质的综合反映，也是其发挥影响力的三个主渠道。通过这三个主渠道，工会小组长才能表现出自身的影响艺术。

（1）工会小组长要树立良好的领导作风。工会小组长发挥影响力的对象是小组会员和班组职工，因此，工会小组长的领导作风如何，将在他们当中引起不同的回应。工会小组长只有树立良好的领导作风，才能对小组会员和班组职工具有较强的影响力。

工会小组长作为工会小组的负责人，身处小组会员和班组职工之中，面对面地与他们交往，因而使工会小组长的领导作风直接影响到工会及工会小组长本人的威信和声誉，因此，工会小组长必须高度重视和努力树立良好的作风，并通过它发挥影响艺术，为此，应注意以下几点。

①要实事求是。坚持实事求是的作风，关键是要做到求实、求是、求

真。求实，就是注重深入实际，搞好调查研究，少说空话，多办实事；求是，就是要注重于从事物的各种现象中发现事物的本质规律性；求真，就是按照事物的本来面目去认识客观世界，不弄虚作假，欺上瞒下，敢于说真话，如实反映真实情况。

②要密切联系职工群众。这要求工会小组长必须一切想着会员和职工群众，一切依靠会员和职工群众，一切为了会员和职工群众，并把自己置于会员和职工群众当中，自觉地接受会员和职工群众监督。工会小组长只有密切联系会员和职工群众、热心为他们说话办事，才能受到他们的信赖，进而发挥自身的影响力。

③要谦虚谨慎。工会小组长要注重培养自己谦虚谨慎的领导作风，在与小组会员和班组职工相处时，要和蔼可亲，做他们的知心朋友；平时要善于虚心向小组会员和班组职工求教，不断总结工会小组工作的好经验。同时，由于工会小组工作是小组会员和班组职工自己的事业，因此要多突出宣传他们。

④要充分发扬民主。工会小组长要注重用民主决策的方法去影响工会小组的骨干和积极分子。工会小组长的民主作风就是最好的影响艺术。

（2）工会小组长要建立起真正的威信。威信，即威望和信誉。一个领导者一旦建立起真正的威信，就能做到说话有人信、号召有人应、工作抓得起、局面打得开。领导者的威信是通过领导者一言一行、一举一动，顺乎自然地形成的，表现为赢得人心、受到敬佩、被人信赖和强大的吸引力、影响力。工会小组长的威信存在于小组会员和班组职工的心目之中，是小组会员和班组职工对自己的工会组长的一种心理评价。工会小组长要建立自己的威信，必须把握住威信形成的规律。一般来说，威信的形成是通过一定的效应及心理机制实现的，概括地说主要有如下效应。

①主体效应。威信的形成主要是由领导者自身的人格决定的，即由领导者本人的思想道德、知识、能力与技能、情感与意志等决定的。不同的人格特征会带来不同的主体效应，从而形成不同的威信与影响力。

②客体效应。从客观要素看，威信的形成依托于三种效应。一是成见效应，又称第一印象，它指的是领导者给予被领导者的第一感觉和印象。

成见效应的形成往往由领导者本人职业、年龄、资历、行为、气质与风度等外部特征所决定。如"新官上任三把火""先入为主"等行为，从某种意义上讲都旨在强化成见效应。成见效应奠定了威信的基础。二是迁移效应。这是人们思想和情感的有规律性的偏激倾向。它的内涵是，一旦某种印象形成，这种印象会有规律地放大或转到其他方面，"爱屋及乌"就是这种迁移效应。有效的领导者善于利用这种效应来加强自身的威信。三是动态效应。威信是一种动态的心理感应。动态效应有两层含义：威信的形成和确立不是一朝一夕形成的，而是在动态中和不断积累中逐渐形成的；威信一旦形成也不是一成不变的，它随着环境条件和社会条件的变化而变化。工会小组长要想不断提高自己在小组会员和班组职工中的威信，就必须把握动态效应，在动态中调整自身的行为，不断在小组会员和班组职工中树立自己良好的威信。

工会小组长应在实践中认真研究和总结威信形成的心理效应规律，同时有效地利用这些规律不断强化自己的威信，从而实现最佳的影响作用。

（3）工会小组长要展现出美好的形象。工会小组长的形象是指人们心目中对工会小组长的看法和评价。工会小组长的社会形象与其本人的工作及所在工会组织之间存在极为密切的联系。一方面，美好的形象会给自己的工作带来无穷的益处，它可以获得工会小组内外工会工作人员的通力合作、小组会员和班组职工的信赖支持、党组织和行政领导的支持和关心等；另一方面，美好的形象还会给所在工会组织增光添彩，增强吸引力和凝聚力。

工会小组长的社会形象与其自身素质、领导作风和威信是紧密相连的。一般而言，素质好、作风正、威信高则有利于形成美好的形象。社会形象既然是人们心目中的一种看法和评价，那就有一个逐渐形成完善的动态过程，也就是人们逐渐认识的过程。工会小组长如能自觉地去认识、建树和修正自己的社会形象，那必将有利于自己社会形象的日趋完美，从而促进工会小组工作。

①工会小组长要展现出美好的社会形象，前提是必须认识自己的社会形象。这要把握两点：一是认识目前自己所具有的实际形象，二是认识会

员、职工群众、党政部门和上级工会希望自己建立的形象。其中后一方面更重要。

②工会小组长还要建树自己的良好形象，最大限度地满足各类工作对象的利益和要求，这就需要工会小组长经常深入小组会员和班组职工之中搞好调查研究。工会小组长良好形象的建树不是一朝一夕的事情，而是需要持久不懈的努力。

③工会小组长要时时注意评价和修正自己的形象。由于客观环境是不断变化发展的，人们的看法和评价也是不断更新的，所以工会小组长的形象就应具有动态性。工会小组长在建树自己形象的过程中，需要经常地回过头来看看"究竟效果如何"，进行形象的评价和修正，这种自省是十分重要的。

总之，抓好上述几个环节，工会小组长就可以展示给工会内外和职工群众一个美好的社会形象，就能达到影响各方、影响会员和职工群众的目的。

（二）工会小组长的协调艺术

工会小组领导工作是由诸多要素组成的组织系统，在实现目标过程中，必须保持系统内部各要素之间、各阶段与环节之间，以及系统与环节之间的平衡与和谐，使系统具有一定的稳定性。这就要求工会小组长做好各方面的协调工作。

1.协调

协调即配合得当，步调一致。协调是一种润滑剂和黏结剂，是组织凝聚力的一个泉源。领导工作总是和协调紧密相连，从一定意义上说，协调是领导工作的具体化。协调的原则是局部服从全局，又要充分发挥局部作用。工会小组长的协调艺术，主要是指工会小组长在实施领导活动中必须处理好各方面关系和各种矛盾，努力与各方面沟通思想、理顺关系，力求兼顾各方、化解矛盾，为工会小组工作的开展创造一个和谐顺畅的工作环境和人际关系氛围。

工会小组长的协调工作包括例如组织与组织、组织与人、人与人，以及人与事等许多方面关系的协调。但归纳起来，主要是组织关系和人际关系的协调。这两种关系协调好了，其他问题就好解决了。组织关系协调是指工会小组长采取各种措施和方法，使所在工会小组同外部环境，以及工会小组内部的组成人员协调一致，相互配合，以便圆满、高效地实现组织目标的行为。人际关系协调是指工会小组长运用各种方法和艺术，正确处理人与人之间的关系，化解人与人之间产生的矛盾，使之和谐相处，共同为实现领导目标而奋斗的行为。工会小组长的协调艺术主要表现在对这两种关系的协调上。

2. 工会小组长协调组织和人际关系的特点

工会小组长在运用协调艺术时，应以非权力性影响力为主。工会小组长在自己的日常工作中，应以自身良好的素质、形象、威望、丰富的知识经验，来赢得各方面的信赖与支持，并在协调艺术中充分运用这些特长，为工会小组工作的开展创造良好的内外关系与环境。工会小组长运用协调艺术的特点具体体现在以下几个方面。

（1）坚持两个维护相统一。工会小组长协调的目的是维护职工群众的合法权益。在社会主义条件下，职工利益同国家和企业利益在根本上是一致的，因此，工会小组长的协调就要做到把维护职工群众的具体利益与维护企业的利益和国家的利益相统一、维护职工主人翁的民主权利与维护行政管理权力相统一。

（2）民主协商。工会小组长在运用协调艺术时有自己的特点，那就是无论在工会小组内部还是在工会小组外部，其手段主要是民主协商。原因在于，工会具有阶级性和群众性特点，工会活动要更注重群众化、民主化。工会不同于党委和行政，在实践自己的社会职能中，从内容到活动方式，主要属于民主的范畴，工会小组长在协调关系时主要是进行民主协商。

（3）利益性与感情性相结合。工会小组长在协调各方关系时，既要注重方式又要注重实效，把利益和感情相结合无疑是协调成功的一个重要特点。实践证明，在协调中对群众既讲利益又讲感情是十分有效的，工会小组长是班组职工群众利益的代表者，他代表着班组职工群众的利益与感情，因此，工会小组长在进行对外协调工作时，将利益和感情有机地结合起来，将会促进协调的成功。

3.工会小组长协调组织和人际关系的方式、途径

工会小组长统领工会小组工作的全局，其协调工作是全方位的，任务也是相当繁重的。工会小组长能否将组织和人际关系协调好，其中很重要的一环就是要正确选择协调方式，而这恰恰是工会小组长协调艺术水平的具体体现。

（1）工会小组长协调组织和人际关系的方式、途径。

①从协调组织关系看有如下几点。一是思想协调。这主要指党政工三者关系协调方面，首先要在理顺思想，沟通理解上下功夫。就工会小组长而言，要通过多种途径帮助同级党政了解掌握党的工运方针和国家的有关工会的法律，宣传工会工作。其目的是使大家都能认识到总目标、总任务上的一致性，从而都能处处以大局为重，通过相互理解，创造一种宽松协调的环境。二是组织协调，即运用组织手段理顺关系、划清职责，健全协调关系的组织机制和程序制度，使班组党政工三方都能协调一致地规范运作。三是民主协商。工会小组长要主动创造一种宽松的环境。首先要严于律己，宽以待人，尊重对方，注意形象。要善于发现矛盾、分析矛盾、化解矛盾。要反映班组职工群众合理的要求，提出各方都能接受的方案。要运用民主方式，提倡双向交流。在协商时要注意策略、把握分寸，经过心平气和、互让互谅的协商、讨论予以解决。四是沟通信息。工会小组长要主动地、经常地同班组党小组（支部）、班组长等交流信息、联络感情、达到协调。五是齐抓共管。在围绕某项工作而开展的联合行动中，工会要主动搞好分工协作，共同完成任务。工会小组长本人要做合作协调的表率。要以良好的形象，高度的责任感，饱满的工作热情，积极主动地搞好协作。六是法律协调。国家的法律、法规是所有社会组织和个人都要遵守执行的，如果违法就要受到强制性的处理。法律协调一般是在其他协调方式均无效的情况下而采用的一种带有强制性的方式。

②从协调人际关系看有如下几点。一是目标协调，即工会小组长用工

会组织整体的共同奋斗目标来统一小组会员和班组职工的思想和行为，这是协调的通用方法，也是协调人际关系的根本方法。二是思想教育。工会小组长通过开展思想教育工作，可以使小组会员和班组职工提高思想觉悟，提高自身素质，人际关系就会减少许多矛盾，即使是产生了摩擦，也会很快得到解决。当然，工会小组长进行思想教育工作，要从工会自身的特点出发，要在关心人的基础上，以群众接受的方式进行引导。三是影响吸引。影响吸引是指工会小组长依靠自身的影响力和凝聚力进行人际协调。工会小组长影响力、凝聚力强，就会在小组会员和班组职工中产生崇高的威信，从而使他们心服口服地按照要求进行工作，就会大大减少人际关系的矛盾。工会工作是群众工作，工会小组长自身的形象、作风、能力和工作艺术至关重要，这会对工会小组长影响力的大小产生很大影响，因而也直接关系到工会小组长对人际关系的协调。所以，工会小组长必须重视自身素质的提高。四是矛盾中和。在人民内部、工人阶级内部没有根本的利害冲突，因而可以用矛盾中和的方法去解决矛盾、处理人际关系。我们通常用的"求大同，存小异""宜粗不宜细"等方法就是矛盾中和的具体运用。矛盾中和并不是丧失原则，而是处理人际关系的方法。有些事情，过于认真细究，反倒不能处理好问题。对于那种无原则的纠纷，就更需要用这种方法加以解决。运用矛盾中和方法协调人际关系对于工会小组长来说更具实际意义。五是组织调整，即用调整工作环境的方法来协调人际关系，这通常是在其他方法不能解决问题时而采取的。

　　总之，组织关系和人际关系协调的方式和途径数不胜数，工会小组长就需要本着具体问题具体分析的态度，择其善者而用之，在有效协调组织和人际关系中，发挥出高超的领导艺术。

　　（2）工会小组长要在实践中提高协调组织和人际关系的艺术。

　　工会小组长要提高协调组织和人际关系的艺术固然离不开理论的指导，但作为方法和技巧则更需要在实践中进行总结。实践是最好的老师，只有深入实际，亲身实践，才能逐渐提高协调组织和人际关系的艺术。具体来说，应注意如下几点。

　　①要善于把握和扩大共性。协调的基础是具有一定的共性，协调的目

的也是扩大共性。离开了共性，协调就不可能成功。工会小组长所面对的各种复杂关系，由于利益机制的作用，各关系主体（人或组织）之间既有相对平等的各自不同的利益目标和利益要求，也有相同的利益目标和利益要求，这说明各关系主体之间在利益问题上存在协调基础。工会小组长如果能充分运用这个基础，采用恰当的艺术，就能有效地协调各方关系，缩小差别和矛盾，调动各方面积极性。在企业内部，工会与党组织、行政之间，尽管由于分工不同，各自存在相对独立性，但是，在制度、目标和一些具体工作任务上仍然可以互相结合、共同努力，这就是工会组织与其他组织之间协调的共同基础。工会小组长应丰富、补充和完善这个基础，进而使工会同党政的关系更紧密、更协调、更稳固。总之，把握和扩大共性是工会小组长提高协调组织和人际关系艺术的首选。

②缩小乃至弥合差异。在利益目标和利益要求上存在差别，对问题的认识也会存在差别。因此，工会小组长所面对的各种复杂关系之间，既有顺畅、和谐及坦诚的一面，也有相对僵持、矛盾的一面。工会小组长协调组织和人际关系的艺术，既体现在保持和维护顺畅、和谐的组织与人际关系上，同时也体现在协调相对僵持、矛盾的组织与人际关系上。比较而言，后者更能反映工会小组长协调组织和人际关系的艺术。而对相对处于僵持、矛盾状态的关系，工会小组长要善于选择"突破口"，即针对关系结构中的薄弱环节，尽可能地产生影响，集中力量，解决问题，协调好关系。

③搞好制约和监督。在社会主义条件下，任何一种社会关系的建立，都离不开互相制约和彼此监督。制约和监督机制的运行，会使各社会关系主体正确行使自己的权利，履行职责和义务，从而使社会关系结构相对稳定、协调地发展。工会小组长所面对的各种复杂关系，均体现了社会关系结构的特征。各关系主体都有法律所赋予的权利、义务、地位和作用，当他们互相联系、互为作用时，就形成了一定的制约机制。工会小组长要想有效地协调工会组织与其他组织之间的关系，就不能不注意到工会组织与其他组织之间的制约关系。这里既有工会组织与职工群众对企业行政机构及其领导的制约，也有企业行政和职工群众对工会的制约。从工会小组长

的角度看，一方面通过自觉接受企事业单位同级党组织、行政和职工群众的制约和监督，来正确行使自己的职权，树立良好的社会形象；另一方面，通过组织职工群众对企事业单位领导、对其他组织的制约，促使工会组织与其他组织之间建立良好的健康发展关系。

以上只是一些基本方面，工会小组长的领导实践活动是丰富多彩的，因此工会小组长在运用协调组织与人际关系的艺术时，还会遇到各种各样的问题，这要靠工会小组长在实践中不断探索和总结，但只要坚持，就一定会收到良好效果。

（三）工会小组长提高领导效率的艺术

工会小组长的工作涉及面广，需要处理的事务也比较复杂。担任同样的职务，做同样的工作，有的工会小组长领导效率很高，有的效率就很低，其主要原因就在于领导效率的艺术。所以，工会小组长要掌握和善用提高领导效率艺术，以提高自己处理日常事务、解决实际问题的能力。

1.掌握理事艺术，提高工作效率

工会小组长要掌握常用的理事艺术。理事艺术指的是领导者在日常工作中，根据实际情况处理问题的技巧，是领导者运用科学思维方式对实际工作经验进行提炼、加工与升华后的结果，是领导者实践能力和创造力的具体体现。工会小组长需掌握的常用理事艺术主要有如下内容。

（1）分层领导，合理分工。工会是一个组织系统，是一个自上而下的权力体系，每个层次都有自己的权力范围。工会小组长要了解自己在整个体系中的位置，充分了解自己的职责所在。工会小组的工作不是靠工会小组长一个人就能完成的，它需要在工会小组长的领导下，由小组会员和班组职工共同完成，这就产生了一个为提高效率而进行合理分工的问题。在进行分工时，工会小组长首先要本着责权一致的原则，在给予其一定权力的同时也赋予其相应的责任。其次要有适当的分工。既不能过轻，使其无法全部发挥自己的能力，也不能过重，超出其能力范围。最后是对于需要多人进行的工作，要指定一个主要负责人，同时工会小组长要做好全面协调工作。

（2）考虑周全，三思后行。作为一个领导者，工会小组长在遇到问题时切忌感情用事。尤其是在处理一些大事时，更要谨思慎行，反复权衡利弊。在一般情况下，经过周密思考，作出的决定正确率要高。

（3）扬长避短，发挥优势。"尺有所短，寸有所长。"工会小组长在工作中要善于发现本班组、本部门以及个人的长处与短处，在具体安排工作或提出要求时，要根据各自的特点，尽量发挥优势，做到人尽其才，物尽其用。

（4）量力而行，尽力而为。工会小组长要提高工作效率，顺利完成任务，先要搞清楚两方面的情况：一是自己的实力怎样，二是是否具备必要的客观条件。在了解了自己的实力与潜能的基础上，充分利用现有的条件，量力而行；同时积极创造条件，最大限度地挖掘自己的潜力，发挥自己的主观能动性，尽最大努力，取得更大的成绩。

（5）掌握尺度，赏罚得当。讲究绩效是现代管理方法的一条主要原则，工会小组长在安排具体工作时，既要明确权力与责任，也要明确绩效的考核措施，并且做到言必信，行必果，令出必行。当工作取得成绩时，要设奖行赏。要本着及时准确的原则，选择那些为人们所公认、所佩服的真正的先进分子，及时予以奖励。奖励的标准、范围要适当。在实行惩罚措施时，也要注意几点：一是要及时，以眼前的危害教育大家，防止类似的失误继续出现；二是不能出于个人偏见，以一己之好恶作出是非判断；三是不能搞"长官意志"，滥施惩戒，否则会引起职工群众的反感，造成对立情绪，不利于开展工作。

（6）待人要宽，对事要严。工会小组长是做人的工作的，对人一定要宽容。当下属有不同意见时，如果是正确的，就应该接受；如果意见一时难以统一，也要允许其保留不同意见。当然，宽以待人，并不意味着对工作放松要求。当工作出现失误时，该处理的就要处理。

（7）善于控制，敢于负责。工会小组长是工会小组的领导，要着力抓大事，抓主要矛盾，对解决问题的计划和措施的具体落实情况要做到胸中有数，并能够全程实施有效的控制。同时，在出现问题时要敢于负责，不能由于怕担责任而左顾右盼，贻误解决问题的时机。

2.掌握善用时间艺术，提高工作时效

有的工会小组长经常抱怨自己每日里忙忙碌碌，可工作成效却不大，究其原因，均与其工作繁杂有关，同时也与其未能有效运筹时间密切相关。所以工会小组长一定要树立现代时间观念，学习并掌握运筹时间的艺术。能否科学有效地运筹时间，掌握运筹时间的技艺与艺术，对工会小组长提高工作时效是至关重要的。

（1）制订工作计划，主动支配时间。其实时间并不存在够不够的问题，而是在于我们会不会有效地利用时间。按照管理专家的说法，在一天当中最重要、最有价值的时间其实就是用来制订工作计划的时间。用十几分钟做计划，也许就能节省几个甚至几十个小时。为了使自己的工作有条有理、时间的安排有张有弛，工会小组长应该养成制订时间表的习惯。有了明确的日程安排，并认真贯彻实施，才能掌握支配时间的主动权。

（2）将日常事务进行分类，合理安排时间。工会小组长的日常工作看似复杂，其实可以大致将它们分为四类：重要而紧迫的、重要但并不紧迫的、紧迫但不十分重要的、既不紧迫又不重要的。针对这四类情况，工会小组长在分配时间时就要根据具体事务的不同特点而有所侧重，有所取舍。对第一类事务时间上要给予重点保证，抓紧时间进行处理；对第二类事务要有周密计划保证安排足够时间；对第三类事务，要及时处理，但不能耽误太多时间；对第四类事务应尽量不浪费时间。

（3）把握每一分钟，善用零散时间。零散时间不仅存在于日常生活中，而且在工作中也大量存在。工会小组长应该把大量零散时间充分利用起来，养成利用零散时间的习惯，这有助于提高自己管理时间的能力，也可以大大提高工作效率。

（4）优化工作程序，避免浪费时间。当有工作需要处理时，不妨先问一下自己，这项工作是否必要？能否与其他工作合并？可否用更简便的方式？也就是说，不要在可有可无的工作上耗费时间精力，能合并则合并，能简单就不要复杂，简便就意味着省时，就意味着效率。同时使一些常规性的工作标准化、程序化，也可以从中节省许多时间。

（5）依靠科学手段，有效节约时间。工会小组长要善于利用当代最先进的办公和通信工具，提高自己的工作效率。比如通过使用微信、一些小程序、电子邮件以及网络办公等方式，尽可能地加快信息传递速度以便在有限的时间内干更多的事。

3.掌握运筹会议的艺术，提高开会效率

工会是群众组织，通过各种会议传达党的方针、政策和国家的法律法规及上级领导的指示，总结工作、布置任务，动员群众实现近期的工作目标和远期的工作规划，这些都是工会领导者的日常工作。工会小组长既要参加上级工会召开的各类会议，听取和接受上级工会的指示和工作部署，又要经常召开工会小组的会议，对贯彻上级工会的指示和工作部署作出安排，研究解决小组内部的各种问题。工会小组长是兼职，因此，过多的会议容易成为工会小组长的负担。同样是开会，有的会议效率高，有的会议效率低，而影响会议效率高低的主要因素就在于工会小组长是否掌握了开会的艺术。

（1）确认会议的必要性。人们常说，时间就是生命，如果随意浪费自己的时间，无异于自杀，而随意浪费别人的时间，则无异于谋财害命。所以工会小组长在召集会议之前，都应该问一下自己，这个会议是否必需，能否以其他更为简单的方式达到目的。

（2）做好会议的准备工作。作出开会的决定之后，下一步就要做好会议的准备工作。这包括确定会议议题、参加者、程序、时间、地点、成本，以及及时将有关情况通知参加者等。做好会议的准备工作本身是一个系统工程，因此要本着节约时间、节约经费、节约人力和精简高效的原则，科学合理地安排好会议的各个环节，使之既紧凑有序，又主题集中、富有成果。

（3）做好会议的组织工作。会议的组织既是一门科学，也是一种领导艺术。在这方面，工会小组长要经过长期的摸索，积累经验，才能逐步掌握组织会议的窍门，在主持会议时才能做到驾驭自如，张弛有度。如果是参加别人召集的会议，要事先做好充分准备，并准时到会；如果是自己主持会议，则需注意几点：一是要明确会议纪律；二是要紧扣会议主题；三

是要掌握会议节奏。通过把握好这三点来保证会议按照既定的计划顺利进行。

（4）做好会议的善后工作。会议结束后，需对会议记录进行整理，对会议形成的文字和数字资料分门归类归档。同时对会议议定的事项实施有效的监督，并对存在的问题进行观察、分析和思考，以便在下次会议上提出补充、修改和完善的建议。

（四）工会小组长动员组织职工群众的艺术

工会领导活动的中心是维护职工群众的利益，表达他们的意愿，而职工群众的事要靠组织职工群众自己来办。工会领导活动目标的实现，要依靠广大职工群众的巨大力量。因此，工会领导活动必须动员组织职工群众参加，但若要真正把职工群众动员组织起来，就需要有动员组织职工群众的高超艺术。所以，掌握动员组织职工群众艺术，对于直接做职工群众工作的工会小组长来说，应是一个必备的法宝。

1.动员职工群众的艺术

动员是指运用一定的技术手段和中介条件，号召、影响和调动公众在思想上、心理上认同基本信仰、准则和目标的一种社会机制。动员机制具有广泛性和时效性的特点。广泛性是指动员范围的大小、层次，时效性是指动员持续的时间和频率。工会活动的源泉，在于广大职工群众的积极性、智慧和创造力。动员职工群众应坚持贯彻落实全心全意依靠工人阶级的根本指导思想，充分尊重保障职工群众在企事业单位中的主人翁地位、主体地位和民主权利，符合职工群众的愿望和要求。

工会小组长动员职工群众的方法技巧主要是一般动员与个别动员相结合。一般动员是指在动员计划主题一致确定的情况下，根据绝大多数群众的思想认识状况和技术业务素质状况，实行一般的普遍的动员方法。运用这一方法的关键和艺术在于，认清和掌握大多数群众的现实状况，包括交往方式、价值观念、觉悟水平和技术能力水平等。这要求工会小组长经常深入群众、了解群众，并可通过有关职能部门，运用一定的技术手段，掌握定性分析和定量分析的结果。运用一般动员的方法艺术，可以利用现有的、常规的技术手段和中介条件，利用宣传栏、黑板报作宣传、鼓动，制作简洁易记的口号等。个别动员是指依据群众中的特殊性和差别状况，实施个别的独有的动员方法。在企事业单位的班组中，职工群众的思想认识水平、行为准则、习惯及修养不可能完全一致，不同年龄、不同文化程度、不同个性的职工聚集在同一班组，往往很难产生相同的认识。有的人可能走在大多数群众的前列，有的人可能落在大多数群众的后面。因此，区别对待、采取个别动员的方法就显得十分必要。因此，在实施动员计划时，要注意采取一般动员和个别动员相结合的方法艺术，注意运用个别访谈等一些个性化的方法，最大限度地调动职工群众的积极性和热情。

2.组织职工群众的艺术

工会在动员职工群众的基础上，还要把职工群众组织起来，从思想上、行动上团结群众，去共同完成工会的目标、计划。因此，工会小组长在组织职工群众过程中，就涉及组织方法、手段和技巧问题。

（1）工会组织职工群众的特点。一是广泛性。企事业单位职工队伍结构的层次性和多样性，职工群众本身在思想观念、政治觉悟、行为方式及技术业务素质方面存在的差别及复杂性，决定了企事业单位工会组织职工群众工作具有广泛性特点。二是平等性。工会的群众性、民主性性质决定了工会小组长既应是会员群众选举产生、受到职工群众拥护的工会小组领导者，同时又是会员和职工群众的公仆。工会小组长同职工群众之间结成的这一关系及其实质，要求工会小组长在组织职工群众时，应始终贯彻和体现民主、平等的原则，在工作中要尊重和维护职工群众在企事业单位中的主人翁地位和民主权利，不摆架子，平等待人，认真听取职工群众意见。三是方式的多样性。工会群众工作的对象是各种各样的，他们的需求与心理状况不同，工作方式就要有变化。"一刀切"不会有实效，只有采用灵活多样的方法、方式，才能适应工会群众工作的需要。认识和掌握工会组织职工群众工作的特点，有利于工会小组长在运用组织职工群众的方法艺术时考虑到对象和效果，使组织职工群众的方法艺术真正发挥作用。

（2）工会小组长应掌握工会组织职工群众工作的原则，明确自身任务。工会要根据职工群众大多数人的要求和意愿开展活动，工会工作必须民主化、公开化；工会组织职工群众工作要围绕企事业单位中心工作来进行；工会对职工群众的组织要以能否调动职工积极性为前提。工会联系职工群众、组织职工群众的任务是要深入群众、联系群众；宣传群众、动员群众；组织群众、依靠群众；教育群众、提高职工素质。

（3）工会组织职工群众的内容。工会组织职工群众的具体内容有：组织职工、依靠职工为保护自身的合法权益而斗争；以群众乐于接受的方式如劳动和技能竞赛、合理化建议和发明创造、职工技术协作等吸引职工参加经济建设，努力完成经济和社会发展任务；组织职工群众参与民主管理和民主监督，在群众性活动中进行自我教育，不断提高职工队伍的素质，充分发挥职工群众在改革建设创新发展中的主力军作用；等等。

工会组织职工群众的最主要方式是增强工会自身的凝聚力和吸引力，因此，工会小组长就要掌握增强工会凝聚力、吸引力的方法和艺术。工会的凝聚力是指工会组织对广大职工群众的号召力、吸引力，及职工之间、干群之间的相互认知。它含有向心力和内部团结双重作用。凝聚力大的群体，其成员有很强的"归属感"，不愿意离开自己的群体，群体内部人际关系比较融洽和谐，这个群体也会显示出充分的活力和战斗力。

（4）增强工会凝聚力需要从增强群体向心力和群体内部团结入手。就工会小组而言，首先，要协助班组长组织好职工完成本班组的中心任务，教育引导职工增强主人翁意识、共担风险意识，支持、参加、推动企事业单位改革深化，同时要通过组织劳动和技能竞赛、技术创新、合理化建议、表彰评比等各种活动，充分调动班组职工生产工作积极性，千方百计完成生产工作任务。其次，要组织和代表班组职工参与企事业单位民主管理，搞好班组民主管理，维护班组职工的合法权益和民主权利，构建和谐稳定的劳动关系。再次，要通过各种途径和方式，大力提高职工的思想政治素质、文化技术素质和本岗位工作技能，培养一支过硬的班组职工队伍。最后，要搞好班组内部职工之间、管理者与职工之间的团结。为此就要扩大职工之间的交往沟通，开阔职工的视野，活跃职工的业余文化生活。同时还要经常组织各种形式的座谈会、恳谈会、管理情况通报会等，为班组管理者与班组职工尽可能多地提供交流沟通的场合与机会，消除误解，增强理解，使多数问题在日常交往中得到解决。

（5）工会小组长在组织职工群众工作中，应当充分发挥骨干和积极分子的作用。工会小组的骨干和积极分子是自愿在业余时间担任工会小组工作的会员，是工会小组长的得力助手，是工会小组履行工会职能开展各项工作的依靠力量。工会小组骨干和积极分子中人才济济，他们又生活工作在小组会员和班组职工之中，是为小组会员和班组职工服务的热心人。依靠他们去联系、组织职工群众是一条便捷的途径，会收到良好的效果。工会小组长要为小组骨干和积极分子发挥一技之长提供良好的机会、创造良好的工作环境。总之，用好工会小组骨干和积极分子对工会小组长做好组织群众工作十分重要。

（五）工会小组长的语言与交谈艺术

工会小组长的工作本质上说是做人的工作，而做人的工作就离不开运用语言和进行交谈。工会小组长生活工作在小组会员和班组职工当中，几乎每天都要同他们打交道，可以说是时时都在做工作，而其主要方式就是运用语言和进行谈话交流。因此，能否掌握和运用好语言与交谈艺术，不仅是工会小组长个人素质能力高低的重要体现，而且对其提高工作效率和效果也至关重要。语言与交谈艺术是工会小组长做好工作的利器。

1.工会小组长的语言艺术

语言艺术是指工会小组长正确运用语言来协调小组工作的艺术。正确运用语言艺术，一般应从语言的力量、逻辑性和幽默感等方面进行考虑。

语言的力量是指工会小组长语言的权威性。语言的力量主要由词义和态度两个因素组成。词意是语言的本意，态度是表达语言的表情、情绪和语气。语言的逻辑性是指工会小组长的语言要符合逻辑推理，避免不恰当的说话方式，语言中的逻辑成分是逻辑思维和推理的结果。语言的幽默感是指工会小组长的语言能产生生动、亲近、愉快的情绪和气氛。

工会小组长要掌握和运用好语言艺术，使自己的语言充满力量、富有逻辑和蕴涵幽默感，需注意把握以下三点。

（1）要根据组员的不同性格、气质、表现问题的大小、事情的轻重分别对待。

（2）讲话要富有逻辑性，避免那种冗长啰唆、颠三倒四、言之无物的说话方式，使自己的语言能清楚地表达自己的思想，形成内在的力度，具有号召力、吸引力，使人能受到深深的触动。

（3）要锻炼自己的说话方法，充实一些幽默感，调节听话人的情绪。比如当一个会员或职工出现差错时，工会小组长如果用严词批评，往往不容易让对方心悦诚服，而用幽默一些的语言，则会使对方感到不好意思，促使其自己认识错误。这种用幽默语言进行的婉转批评效果要好得多。

2.工会小组长的交谈艺术

交谈是工会小组长与职工交流思想、融洽感情、增进友谊、沟通信息的一种双向语言交流过程。交谈艺术是使交谈达到理想目的一种谈话技巧。工会小组长要掌握和运用好交谈艺术，需把握好交谈的五个环节。

（1）要善于观察。工会小组长要注意观察交谈人的性格、情绪特征，掌握不同交谈对象的规律。根据不同对象的不同特点，选择适合的方式和内容进行谈话。

（2）要善于帮助。当交谈对象陷入苦恼和焦虑之中时，工会小组长要善于及时地从关心体贴的话语入手；当对方思维语言发生困难时给予帮助；当对方回忆不清时，帮助其回忆；当对方脱离谈话内容时，应及时提示，使谈话双方处在一种相互友好的气氛之中。

（3）要点题。当谈话触及问题时，不要穷追不舍，要制造宽松的气氛，缓解紧张。要抱着真正帮助会员和职工的态度与对方推心置腹地交谈，不论对方是否愿意合作、是否敞开心扉，工会小组长都要耐心倾听，不要随意插话，并适时给予点拨引导。在对方谈完后，需要工会小组长发表意见时，工会小组长切忌大话、空话、假话，也不能随便许诺、讨好。总之，要实事求是。

（4）会分析。工会小组长在交谈中要帮助对方分析问题，要讲客观因素的作用，但更重要的是启发对方自觉分析利弊、找出危害、总结经验教训，避免重蹈覆辙。

（5）良好的结尾。交谈结束，要以良好的气氛，在双方心情舒畅的条件下归纳交谈的结果，以提示对方注意，并为其指出今后的方向。交谈的时间长短，一般以目的是否达到为衡量标准，一次谈不完，可以下次继续谈，不要急于求成。

总之，把握住上述五个环节进行交谈，在其过程中讲究运用艺术，才能收到好的效果。

第四章
以思想教育和文化活动引领职工

　　开展职工思想教育和文化体育活动是工会宣教工作的重要内容，也是工会履行教育职能和发挥共产主义学校作用的基本途径。工会小组长应发挥工会小组直接联系职工群众、把握职工群众思想脉搏的优势，努力探索适应新形势、新任务要求的开展职工思想教育和文化体育活动的新路子，教育引导职工不断提高思想道德水平、技术业务能力和科学文化素质，建设有理想、有道德、有文化、有纪律的"四有"职工队伍。

第一节 开展班组职工思想教育

开展班组职工思想教育是提高班组职工思想政治素质、帮助其树立正确的世界观、人生观、价值观，坚定理想信念的重要手段，也是工会小组长需要常抓不懈的一项重点工作。开展班组职工思想教育主要是抓好日常的职工思想教育工作。

（一）抓好日常的职工思想教育工作

日常职工思想教育工作是工会小组长开展班组职工思想教育应抓好的一个重点内容。做好这项工作需掌握和运用科学的工作方式与方法。

1.职工思想教育的方式方法。根据基层工会和工会小组多年的实践经验，工会小组长可选择采用的方式通常有如下几种。

（1）新闻宣传，如消息、通讯、评论、新闻图片等。

（2）口头宣传，如报告会、演讲、对话、座谈、谈心等。

（3）文字宣传，如文件、报道、书籍、黑板报、墙报、标语、口号等。

（4）形象宣传，如文艺、影视、小视频、多媒体教育等。

（5）示范性宣传，如现场会、光荣榜、流动红旗等。

（6）社交宣传，如家访、参观、开展职工读书活动、学赶先进活动、建设文明班组、文明单位活动等。

（7）学习培训，如组织职工进行集中系统脱产学习、有计划的业余学习、有指导的个人自学等。

（8）微信群等新媒体的宣传。新媒体的出现极大地方便了人们的交流与沟通，改变了人们的生活方式与工作方式。应该通过微信等新形式不断地及时地向会员群众推送一些好的精神食粮，推广与宣传职工思想工作的效果。

工会小组长可选择采用的形式虽然多种多样，但到实际工作中，究竟应当具体采用哪种方式，则要根据日常的职工思想教育的具体对象和内容来确定。日常职工思想教育方式的选择，直接影响到其教育效果的好坏，因此，工会小组长在选择运用具体方式时，应仔细把握。一般来说，凡是被实践证明是适用的方式，就要坚持并充分发挥其效用；不适用、效果不好，就要及时更换。

2.职工思想工作的注意事项。工会小组长抓日常的职工思想教育，从根本上说，是组织班组职工进行自我教育、自我提高的工作。因此，抓好这项工作就要坚持走群众路线的工作方法并注意做好以下方面的工作。

（1）深入实际、深入群众，调查了解职工的思想、意愿、要求，摸清职工的心态和思想脉搏，通过家访、谈心、班组民主生活会、工会小组活动等方式，做精雕细刻的思想工作，有目标的、精准的思想工作，按照职工的意愿和要求，开展各种活动，把思想工作做得富有针对性，使各项活动符合职工群众的需要。

（2）积极进行启发和引导工作。群众的自我教育不是放任自流的，而是需要针对群众的思想实际和生产、生活、工作实际进行启发和引导。要注意宣传、表扬先进典型，用先进典型的思想和事迹去影响和提高中间层次职工、帮助后进职工转化，对职工中的不同意见，采取民主讨论、充分说理的方法，提高其思想觉悟，统一认识，增强团结。

（3）善于采取吸引的方法，分层次、有针对性地组织职工群众的自我教育活动。不论是思想政治教育，还是文化技术教育、文体活动，都要采取吸引诱导的方法，寓教于乐，绝对不能有任何的强制。吸引才能启发自觉，强制则不能持久，更不会有好的效果。

（4）坚持依靠骨干和工会积极分子进行工作。日常的职工思想教育工作事多面广，内容丰富，仅靠工会小组长去做是不够的，必须依靠各项工作和活动的骨干和积极分子开展工作。

（5）工会小组长本身要加强学习，不断提高自身政治业务素质和做好职工思想教育工作的能力，以适应新形势、新任务和党与职工群众对职工思想教育的新要求。

（6）要加强同有关部门的协作和配合。工会小组长抓日常职工思想教育工作不是孤立的，许多工作和活动都需要上级工会的指导帮助并与有关部门协同进行，其中与党小组、团小组等的协调并争取其支持则尤为重要。只有协调好与各方的关系，才能使日常的职工思想教育工作顺利开展并取得更好的效果。

（二）开展好职工思想政治工作

职工思想政治工作是工会小组长抓班组职工思想教育工作的又一个重要内容，其主要任务就是要面向班组职工开展系列教育，做好班组职工思想动态的分析和研究，总结和推广班组职工思想政治工作的有益经验。工会小组长开展班组职工思想政治工作必须坚持以习近平新时代中国特色社会主义思想为指引，以社会主义核心价值体系教育为核心，以提高职工主人翁精神和主体意识教育为重点，以增强职工认识世界和改造世界的能力为目的，以强化、提升职工素质、建设"四有"职工队伍为目标，努力做到以正确的舆论引导职工、以高尚的精神塑造职工、以优秀的作品鼓舞职工，突出维护基本职责，更好履行教育职能，保护、引导和调动职工积极性，着力建设一支"四有"职工队伍，弘扬社会主义先进文化，动员和团结班组职工为本单位的改革发展贡献力量。

1.工会小组长做思想政治工作的方式方法。工会小组长抓班组职工思想政治工作，需要掌握科学的方式方法。从多年的实践经验看，通常采用的方式方法主要如下。

（1）多种形式的报告。如动员报告、形势报告、英雄人物先进事迹报告等，这些报告通常是由上级工会或上级党政来组织，工会小组长要做的工作就是组织班组职工积极参加，使他们从中受到教育。如果报告会由工会小组自己组织，工会小组长应注意：开会前要做好充分的准备，如选好主题、报告人、报告的时间、地点和做好具体组织工作等，根据报告内容的不同，报告人可以外请。

（2）座谈讨论。这种方式比较常用，工会小组长如选用这种方式，在具体做法上就要事先有所准备，选题要恰当，主题要明确，一般应是班组职工当前最关心的热点问题。要确定好一两个主题发言，引导大家围绕主题各抒己见，畅所欲言。

（3）个别谈心。选用这种方式的前提是要对谈心的对象比较熟悉，为此，工会小组长就需要事先做好调查研究工作。在谈心中，工会小组长要抓住主要问题，平心静气，晓之以理，动之以情，切忌居高临下，缺乏耐心、光讲空话、套话。

（4）文字教育。选用这种方式应根据本单位的实际情况，工会小组长主要是办好黑板报、墙报，有条件的还可办职工阅览室。

（5）评比竞赛。评比竞赛可以是部门之间、班组之间、专业之间，以及班组职工之间，工会小组长用此形式和方法，可以起到表彰先进、鞭策后进，提倡胜不骄、败不馁，再接再厉，共同前进。

（6）参观访问。包括参观博物馆、纪念馆等专题性展览，瞻仰革命圣地、烈士陵园，访问革命前辈、英雄模范人物等。这种方式的优势在于，以直观的方式，激发职工爱祖国、爱企业的热情，催人奋发向上。工会小组长若采用这种方式，就要事先做好组织和准备工作，力求使参观访问收到实际效果。

（7）形象化教育。如电影、电视、戏剧、舞蹈等，可以组织观看，也可以请职工中的业余爱好者登台表演。选用这种方式，工会小组长在做法上就要注意从实际出发，组织形式多样、雅俗共赏的活动，把思想政治工作寓教于形象化的文艺活动中。

（8）微信推送等。微信推送是现代化通信传播方式，具有迅速便捷的优势。运用这种方式，可提高时效性，扩大覆盖面，增强职工思想政治工作的影响力，工会小组长可根据具体条件和需要，加大运用这种方式手段的力度。

对于上述几种方式方法，工会小组长可以单独采用，也可以交叉综合采用，总之是一切要从实际出发，根据环境、条件、对象、需要的不同，正确选择和运用做班组职工思想政治工作的方式方法，其目的就是要达到提高职工思想政治素质，切实解决职工遇到的实际问题，调动职工积极性和促进人际关系和本班组、本单位和谐的效果。

2.工会小组长进行思想政治工作应把握的问题。工会小组长抓班组职工思想政治工作还应注意把握以下问题。

（1）要掌握和遵循职工思想政治工作的特点和原则。工会职工思想政治工作作为工会职工思想教育工作的一项专项工作，操作上必须遵循以下原则，即理论联系实际原则、结合经济工作原则、表扬与批评相结合以表扬为主的原则、解决思想问题与解决实际问题相结合原则，与时俱进、继承与创新相结合原则。只有坚持这些原则，相应地采用恰当的方式方法，才能正确有效地开展好班组职工思想政治工作。

（2）要掌握和善用思想政治工作的技巧。工会小组长做好班组职工思想政治工作固然要靠正确的方式方法，方式方法的效力还需要靠高超的技巧相配合。工会小组长掌握这项工作的技巧主要有：说服教育，晓之以理；关心体贴，动之以情；树立榜样，言传身教；抓住苗头，防微杜渐；对症下药，有的放矢；循序渐进，循循善诱；生动活泼，寓教于乐。

（3）要避免思想政治工作中的"官腔""官调"。工会小组长必须注意把自己放在与职工群众平等的地位，不论是在内容、方式还是态度上，都不能盛气凌人，而应当努力与职工沟通思想，取得感情上的一致。

（4）要努力吸引班组职工都来参加和自愿做职工思想政治工作。工会小组长做职工思想政治工作不是单纯的说教，重要的是帮助职工自我学习、自我宣传、自我教育，以促使职工全面发展。为此，工会小组长在做职工思想政治工作时，不仅要把职工看成是工作对象，更应该把职工本身也看成是思想政治工作者。只有在广大职工的直接参与下，工会小组长做职工思想政治工作才能收到好的效果。

（5）要自觉接受党的领导，与有关部门积极配合。工会的职工思想政治工作是党组织的思想政治工作的重要组成部分，因此，工会小组长开展职工思想政治工作要同党组织的思想政治工作融合起来，在同级党组织统一领导和部署下与相关部门通力配合，共同把班组职工思想政治工作开展好。

（6）要适应形势任务的变化，不断进行职工思想政治工作的创新。客观情况是在不断变化的，工会职工思想政治工作就必须适应变化了的情况，而有所更新。工会小组长要努力研究班组职工思想活动的新特点、新要求，从中探索规律性的东西，努力实现班组职工思想政治工作在内容、形式、方法、手段上的全面创新，使其在新形势下发挥更大的作用。

除开展班组职工思想教育的上述两个主要方面外，工会小组长还应重视和抓好班组职工的文化技术教育，其主要任务和重点工作就是要积极参与本单位职工教育管理和监督，维护班组职工继续教育的权利。有条件的要单独或协助基层工会办好各类文化教育阵地，组织好职工岗位和技能培训，引导职工读书自学，岗位成才，尤其是要开展好"创学习型组织，争做知识型职工"活动，努力提高职工文化技术素质，增强抗风险能力，帮助促进下岗职工转变观念实现再就业。

第二节　搞好班组职工文化体育活动

文化体育活动是工会竭诚服务职工群众的重要工作内容，是工会努力满足职工日益增长的对美好生活需要的重要方法与载体。

（一）　班组文体活动的意义与作用

工会小组长抓班组职工文化体育活动是为满足班组职工精神文化需要和全面提高自身素质的要求。在生产和工作之余组织班组职工开展有益于身心健康的文化体育活动，对班组职工进行爱国主义、集体主义和社会主义教育，提高他们文化艺术修养和身心健康水平，将有利于维护班组职工的文化社会权益，有利于提高班组职工的思想道德水平，有利于班组职工的身心健康，也有利于促进精神文明和和谐班组、和谐企业、和谐社会的建设。工会小组长抓班组职工文化体育活动的开展，重点是要组织班组职工开展各种群众性的文化体育活动，如组织职工参加各种运动队和兴趣爱好小组，参加职工文化体育比赛和巡回表演，参加对文化体育工作的检查、评比及竞赛等。

（二）工会小组长抓班组文体活动的方式与注意事项

1.工会小组长抓班组文体活动的方式方法。工会小组长抓班组职工文化体育活动开展的方式方法主要如下。

（1）根据企业、班组情况，组织班组职工开展群众文化活动。如：选拔文艺骨干和尖子参加基层工会组织的文艺活动，或组队参加基层工会组织的文艺演出；利用节假日，组织班组职工旅游参观，开阔职工视野和知识面；成立业余文艺骨干队伍，重要节日组织小型文艺演出活动，平时注意在群众中发现人才，条件允许的，还可通过不同渠道，采取不同方法进行培训，不断提高职工的艺术素质；广泛组织班组职工开展文学艺术、文化娱乐活动。根据不同层次、不同年龄职工的爱好要求，组织他们参加各种职工兴趣小组，指导其开展活动。

（2）从企业、班组实际出发，因地制宜地开展好班组职工体育活动，如根据基层工会的部署和要求，选拔体育骨干和尖子参加基层工会组织的体育活动，或组队参加基层工会组织的体育比赛；开展广播体操活动；平时注意发现人才，组织参加各种运动队或锻炼小组，培养班组职工体育骨干，提高班组职工体育水平；开展太极拳、健美操等职工欢迎的医疗体育活动；组织灵活多样的小型体育比赛，吸引更多职工参加，把班组职工体育活动搞得生动活泼。

2.工会小组长抓文体活动的注意事项。工会小组长抓班组职工文化体育活动的开展应注意四个结合。

（1）教育与娱乐相结合。职工文化体育活动的群众性、业余性决定了它是寓教于乐的没有围墙的大学校，只有坚持教育与娱乐相结合的原则，丰富教育与娱乐相结合的方法，才能更好地吸引、影响和教育职工群众。

（2）普及与提高相结合。职工群众文化体育活动的广泛性、娱乐性决定了职工群众文化体育活动的任务首先是普及，满足职工群众的普及要求，适合职工群众的实际情况。其次才是在普及基础上的提高。普及是群众的普及、提高也是群众的提高。

（3）重点工作和一般工作相结合。工会小组长要注意组织班组职工参加基层工会乃至上级工会组织的重大职工文化体育活动，但也要抓好平时经常性的班组职工文化体育活动，努力做到重点突出又兼顾一般，使这项工作常抓不懈，切实有效。

（4）现实和未来相结合。开展职工文化体育活动当然要从现实出发、从职工群众的需要出发。但现实和职工群众的需求都是不断发展变化的，经济社会文化科技的飞速发展对职工文化体育活动提出新的要求，职工群众对文化体育活动的要求层次也会提高。因此，职工文化体育工作就要有前瞻性，提前准备、及时调整，并努力在创新中求得发展。

除此之外，工会小组长还需要注意配合基层工会加强职工文化体育活动的阵地建设和设施建设，以保证职工文化体育活动的开展。

第五章

建功立业把群众生产工作推向新阶段

　　工会动员组织班组职工广泛开展建功新时代活动，是工会发挥建设职能、服从服务于党和国家工作大局、服从服务于企事业单位中心工作的重要手段，是调动发挥职工积极性和创造性的有效方法，是推动技术进步、提高职工素质、创造良好经济效益、增强企业市场竞争力的重要途径，对促进企业的改革发展和实现中华民族伟大复兴，具有十分重要的现实意义。

第一节　组织职工广泛开展建功
新时代活动的内容与重点

　　企业是职工开展以建功新时代为主要内容的群众生产活动的主战场，置身于企业之中的工会小组是班组职工开展活动的组织者，作为其领导人——工会小组长，必须肩负起自身的责任，高度重视和切实把动员组织班组职工开展建功新时代活动作为一项重点工作认真抓好。要充分发挥工会组织的优势和传统，在新的时代条件下，使工会小组建功新时代工作展现出新的风貌。

（一）　建功新时代活动的内容

　　工会小组长抓动员组织班组职工开展建功新时代等群众生产活动的主要内容是：动员和组织班组职工开展劳动竞赛、合理化建议、技术革新、技术协作和发明创造等。当前工会小组长抓好这项工作面临的主要问题，就是要着眼于职工群众的终身培训和提高企业的核心竞争力，紧紧围绕企业发展目标，努力推动这一活动扎扎实实地开展下去，使之成为凝聚广大职工力量、发挥职工主力军作用的有效载体。因此，现阶段工会小组长抓动员组织班组职工开展建功新时代工作的主要任务，就是要按照科学规律、市场经济规律和现代企业制度的要求，根据企业工会的部署，在班组职工中大力倡导工匠精神和劳模精神，深入开展劳动和技能竞赛、合理化建议、技术革新、技术协作、发明创造、"五小"活动等，认真实施职工群众性的建功新时代，不断提高知识含量和科技含量，促进企业发展重点、难点和关键点问题的解决。要根据本行业、本企业和本班组的特点，开展好争创"创新示范岗"、争当"创新能手"和"优秀工匠"活动，动员和组织班组职工立足本职、学超先进、争创一流，为提高经济效益、改革创新、促进企业又好又快发展贡献力量。

（二）建功新时代活动的指导思想与组织领导

1.明确指导思想。要坚定不移地以经济建设为中心，在党和国家发展经济的大局中，在促进企业发展的全局中，从工会的特点出发，运用多种形式，引导好、保护好和发挥好班组职工群众投身改革和建设的积极性，为建设社会主义经济、政治、文化、社会和生态文明建设做出应有的贡献。

2.加强对动员组织班组职工开展建功新时代活动的组织领导。要根据上级工会的部署，建立健全班组的组织领导机构和工作机构，做好组织领导和建立管理制度、搞好督促检查、总结评比、宣传报道和经验交流与推广工作。

3.建立健全各种开展群众性建功新时代活动的组织。一是要充分发挥各种能工巧匠和科技人员的带头作用，通过"劳模创新工作室""大师（工匠）工作室"等活动调动和激发大家的积极性；二是要组织经常性活动，为群众性建功新时代活动创造有利的条件。

（三）工作重点与机制建设

工会小组长动员组织班组职工开展建功新时代活动必须抓住重点，其中尤其要把握一些带有普遍规律性的问题。

1.要在不同阶段确定不同的重点内容。比如：在企业、分厂（车间）、班组制订年度计划和安排生产的时候，工会小组长就应按照上级工会的部署，把组织班组职工参与民主管理、积极地提出意见建议作为工作重点；在企业、分厂（车间）、班组进行技术改造和更新设备时，职工技术革新、技术协作、"五小"活动就应成为工作重点；在生产任务完成告一段落后，就要抓紧总结和开展评优工作。总之，班组职工建功新时代活动必须紧紧围绕企业、分厂（车间）、班组生产经营任务搞，善于及时调整自身的工作重点。

2.努力创新和完善激励机制，实现动员组织班组职工开展建功新时代活动的新突破。当前就是要把增强企业科技开发能力、提高核心竞争力作为主攻方向，把解决影响企业发展的难点和实现扭亏增盈等问题作为重点，把加强管理、技术创新、扭亏增盈作为突破口，把企业的转型升级与提高核心竞争力作为目的，以建功立业劳动竞赛为主要载体，以岗位练兵、技术比武、合理化建议紧密配合，强化对先进和劳动模范的评选管理和调动职工积极性的激励机制，不断把建功新时代活动推向新阶段。

（四）加强建功新时代活动的日常管理

1.加强对动员组织班组职工开展建功新时代活动的科学管理。这包括加强班组一级的组织管理、健全机构和完善各项管理制度。对班组职工提出的各种有关企业包括分厂、车间（科室）、班组的建议、提议和技术革新方案，要及时整理、登记和分析，并在职工讨论、完善以后，提交分厂、车间（科室）、班组或企业有关部门，使职工的各种努力能最终产生实际效果。

2.做好动员组织班组职工开展建功新时代活动的实施工作。抓实施，就是要抓落实。为此，一要充分发动、依靠广大职工；二要组织好对重点问题、重大项目的攻关；三要协调好各相关单位、部门之间的通力配合；四要争取行政上的物质技术支持；五要及时向行政沟通和汇报，并将有关建议和方案提交有关部门；六要做好职工的发动、组织和思想政治工作。

3.及时组织开展评比、总结、表彰工作。对开展班组职工建功新时代活动中涌现出来的先进模范人物要及时总结、评比、表彰，对好的经验要及时加以宣传推广。通过树立好的典型，达到以点带面的效果，从而激励广大职工学先进、赶先进、超先进，促进班组职工群众性建功新时代活动深入持久地向前发展。

第二节　组织班组职工广泛开展建功新时代活动的方法

工会小组长在动员组织班组职工开展各项具体的建功新时代活动时，应注意把握其特殊规律，采用适合的工作方法。

（一）科学组织劳动和技能竞赛

1.班组劳动竞赛的原则。劳动和技能竞赛是社会主义条件下，广大劳动者以生产劳动为内容开展的竞赛活动。劳动和技能竞赛作为组织和激励职工进行生产和管理的一种特殊有效方式，具有群众性、广泛性、民主性和科学性的鲜明特点。工会小组长抓劳动和技能竞赛的动员组织，应坚持遵循为经济建设和企业生产服务的原则，"互相学习、互相帮助、取长补短、共同提高"的原则，职工自愿和有利于职工参加的原则，以及精神鼓励为主、物质鼓励为辅的原则。在内容选择上，要根据本企业、本车间、本班组的生产特点和实际情况，抓住生产经营中的薄弱环节作为突破口，以求最大限度地发挥劳动和技能竞赛的潜在力量。

2.班组劳动和技能竞赛的重点环节。劳动和技能竞赛本身是一个严密的系统工程，因此必须科学组织，在具体实施上注意抓好四个重点环节。一是制定好竞赛方案。组织劳动和技能竞赛首先要确定目标、内容、条件，选择竞赛形式，形成竞赛方案。制定竞赛方案，事先要经过周密的调查研究，充分掌握信息资料。二是宣传发动好职工群众。要将竞赛方案交给班组职工充分讨论，并利用各种宣传媒体和形式，宣传竞赛的意义、目的和方法，做好思想发动，形成竞赛声势和氛围，确保竞赛方案顺利实施。三是组织实施好竞赛。在组织竞赛的过程中，要加强中途管理。做好竞赛的统计，以数据和事实说话，坚持原则，不弄虚作假，严格考核，及时公布竞赛的情况和成绩，增强透明度，使参赛者人人目标明确，干劲十足，形成一个比学赶帮超、热烈而紧张的竞赛氛围。四是搞好竞赛的总结评比奖励。竞赛目标实现后，要进行自下而上职工群众性的总结评比，表彰先进，树立典型，推广经验，兑现奖励，巩固成果。工会小组长认真抓好上述环节的工作，就能够使劳动竞赛有序顺利地进行，收到实际的显著效果。

（二）深入开展合理化建议活动

动员组织班组职工开展合理化建议活动是工会小组长工作的重要内容，也是工会小组长服从服务于企业和班组中心任务、维护班组职工根本利益所理应承担的重要职责。工会小组长抓这项工作的根本任务就是要团结、组织和引导班组职工群众，同心同德，激发活力，为企业、班组的工作和发展献计献策。具体来说，其工作重点包括两个方面。

1.建立和形成合理化建议的高效运作机制。基层企业合理化建议活动的组织领导机构一般是分层设立，厂（公司）级通常设合理化建议委员会或评审委员会，合理化建议委员会或者评审委员会主任由主管生产技术的企业行政领导或总工程师担任，工会主席任副职，成员由有关部门的负责人、科技人员、职工代表等组成。分厂、车间则相应地设合理化建议领导小组或评审小组。班组可设立合理化建议员，从而形成自下而上的组织网络体系。要健全管理制度，形成规范高效的运作机制。班组要制定操作的"实施办法"或"管理规范"，使合理化建议活动有据可依，有章可循。工会小组长是班组合理化建议活动的实际组织者和管理者，应积极推动班组合理化建议活动工作机制的建立健全，在制订活动规则，明确活动方向，落实组织措施，督促履责等重大问题上，代表班组职工的意愿，参与决策，充分发挥班组工会组织的作用，同时要注意搞好与分厂、车间合理化建议相关工作的协调与配合。工会小组长还要抓好合理化建议活动中的民主管理，通过班组民主会对合理化建议活动的实施情况进行监督。

2.严格合理化建议活动的过程管理。过程管理是工会小组长抓好开展班组合理化建议活动的关键。过程管理，就是对合理化建议活动运作过程中各个关键环节的有序控制，以保证其有序高效地运行。实施过程管理的目的，就是要把合理化建议活动各环节的工作做细做实，以保证其科学规范运行，保证质量。开展合理化建议活动从程序上说，一般分为四个阶段：发动和建议征集阶段、建议汇集评审阶段、建议的实施推广阶段、建议的表彰奖励阶段。在第一阶段，工会小组长的主要任务就是要做好宣传和发动工作，通过运用各种形式，动员班组职工积极参加这一活动，并及时了解和反映职工群众的意见要求，征集好职工群众提出的各项建议；在第二阶段，工会小组长就要协同和督促班组行政和企业的有关行政部门认真落实有关合理化建议汇集、审查、实施、鉴定等有关制度，积极做好各项组织工作，并加强检查监督，以保证建议汇集评价程序和结果的公正；在第三阶段，主要是关注建议的采纳与推广实施过程中的实际效果；在第四阶段，工会小组长则要注意会同班组长和企业有关行政部门总结交流开展班组合理化建议活动的经验，树立典型，表彰先进，推广先进方法，把班组职工合理化建议活动深入持久地开展下去。总之，工会小组长要努力提高协调控制能力，善于把握班组合理化建议活动的运行规律，切实搞好过程管理中各阶段的工作，这样才能保证班组合理化建议活动的质量和效益。

（三）扎实开展职工技术协作活动

1.开展技协活动的意义与作用。职工技协是职工技术协作活动的简称，它是指广大职工群众，特别是其中的能工巧匠，围绕着新产品开发，技术攻关、新技术的推广应用、技术引进以及技术改造等技术问题而进行的一种协作活动。在当前举国上下倡导工匠精神和劳模精神、倡导职工终身培训理念、大力提高企业的核心竞争力的时候，职工技术协作的工作尤其显得重要。职工技协活动的内容主要有：广泛开展技术攻关；交流先进经验，推进技术进步和技术创新；开发职工的智慧潜力；开展技术扶贫活动等。职工技协是职工群众自愿参加的，具有广泛的群众基础，同时它又是有组织、有领导地进行，在活动方式上体现出协作性、内容上体现出先进性。工会是职工技协的领导者、职工技协日常管理工作的承担者。因此，工会小组长应把职工技协工作作为动员组织班组职工开展建功新时代活动的一项重要内容来抓，落实相关措施，加强对班组职工技协活动的领导。

2.工会小组技术工作的重点。工会小组长动员组织班组职工扎实开展职工技协活动，应注意抓好以下方面的重点工作。

抓建制。职工技协活动的开展，必须有强有力的组织保障，为此工会小组长就要着力抓好班组职工技协组织领导、运行机制和管理制度建设，以及技协队伍和技协阵地建设等。

抓大事。工会小组长要结合班组的实际，认真贯彻执行党和国家的有关方针政策、法律法规，落实上级工会的有关指示和要求，经常研究和讨论班组职工技协工作中的重要问题，帮助班组职工技协组织从生产实际需要出发，及时确定或调整工作重点与主攻方向。

抓保障。开展班组职工技协活动需要必要的物质条件。工会小组长要尽可能地使工会小组争取上级工会增加一定的财力、物力投入，通过努力提供活动场所、活动经费、活动所需设备、工具以及宣传媒介等，为班组职工技协组织开展活动解除后顾之忧，筑起坚强的物质保障。

抓活动。工会小组长要密切联系职工群众，积极参与和指导班组职工技协组织开展活动。在组织上，工会小组要设专人负责，若条件允许，可为技协活动聘请懂技术专家或能工巧匠，帮助做好组织工作和技术指导工作。在活动上，工会小组长和工会小组一要利用各种宣传媒介和阵地，广泛宣传技协宗旨、技协政策、技协作用和技协成果，协调好与行政方面的关系，争取行政的理解和支持，为班组职工技协组织开展活动创造良好氛围。二要深入技协活动实际，调查研究，了解进展，解决问题，分类指导，总结经验，宣传典型。三要关心职工技协队员的疾苦和要求，为他们说话办事，当好他们的参谋，指导班组技协组织安排好活动，及时克服存在的不利因素影响，把握正确的方向，使班组职工技协活动持续健康发展。

抓创新。科技的发展进步日新月异，数字化、智能化建设不断创新发展。职工技协适应新形势，工会小组长就要解放思想，转变观念，开拓创新，扎实工作，不断研究新情况，探索新路子，指导班组职工技协从组织形式、工作内容、运作方式、活动范围等方面有所发展、有所创新。

（四）积极实施职工群众性建功新时代活动

1.建功新时代活动的意义作用与总体要求。实施职工群众性建功新时代活动，是工会适应新时代、新任务的要求，把广大职工的积极性、创造性更好地引导到为实现"两个一百年"奋斗目标和中华民族伟大复兴的中国梦建功立业上来的重要举措，是深入开展职工群众性经济技术活动的有效形式。建功新时代活动的开展，有利于增强职工的创新意识、创新能力，提高职工的劳动技能；有利于推动企业技术进步和产业升级，增强市场竞争能力；有利于发挥工人阶级的主力军作用，带动广大职工学习和掌握科学技术文化知识，把职工群众性经济技术活动推上一个新台阶。

实施职工群众性建功新时代的总体要求是：以习近平新时代中国特色社会主义思想为指导，坚定不移地推动全心全意依靠工人阶级根本指导方针的贯彻落实，适应新时代新形势的要求，坚持把增强企业科技开发能力、市场竞争能力、抵御风险能力作为主攻方向，把解决影响企业发展的难点、强化核心竞争力等问题作为重点，紧紧围绕创新技术、加强管理、增加品种、改善质量、降低成本、增进效益、搞好服务等，鼓励广大职工立足本职、学赶先进、争创一流、多作贡献，为推进企业改革与发展建功立业。

2.建功新时代活动的重点、方法与注意事项。实施建功新时代的核心和灵魂是创新。其内容和重点是：在目标上，是以推动企业技术进步，提高企业经济效益为中心；在领域上，是与企业的科技、经营、流通、信息等方面的工作紧密结合；在内容上，突出技术创新，注重科技成果向现实生产力转化；在形式上，是以发动广大职工参与并为职工群众所欢迎为标准。实施职工群众性建功新时代，是新形势下工会与时俱进，对工会群众生产和经济技术工作的一项重要创新。对此，工会小组长和工会小组都要高度重视、加强领导，建立健全完善组织机构、工作制度，努力实现建功新时代活动的经常化、制度化，使之深入、持久、扎实有效地开展下去。

工会组织实施职工群众性建功新时代活动的方法是：加强领导，建立相应的组织机构和相关的工作制度，力求做到组织落实、责任目标落实和措施落实；建立和完善激励机制，鼓励职工发明创造；要与其他群众性建功新时代活动相结合，发挥更大的效用；开展"工匠精神"宣传教育、"劳模创新工作室"、"大师（工匠）工作室"等系列活动，发挥先进人物的骨干作用，强化劳模先进、技术能手的带动和辐射作用，推广技术创新成果；提高职工科学技术素质，打造知识型劳动者队伍。

工会小组长组织班组职工实施建功新时代活动需注意把握好以下几个问题。

（1）处理好继承与创新的关系，在继承中创新。既要发扬光大工会群众性经济技术活动的优良传统，又要研究新情况，解决新问题，以勇于开拓创新的胆识，打开工作新局面。

（2）夯实基础，注重实效。建功新时代活动的基础在基层、在企业、在班组。工会小组长要从企业、从班组的实际出发，制订符合需要和特点的活动计划，努力做到与企业改革发展的决策及目标一致，不搞"一刀切"，防止形式主义。

（3）坚持群众性，充分发挥"三结合"的优势。职工是建功新时代活动的主体，实施建功新时代活动，必须广泛发动和组织班组职工群众参与。要与当前的产业队伍建设、职工终身培训、鼓励和倡导工匠精神、职工岗位成才、自学成才、一专多能等需求紧密结合，要坚持实行工人、科技人员、管理干部三结合，通过以上措施，发挥职工群众和各类人才的优势，形成合力，提高活动的效果。

（4）坚持自主创新和消化吸收与引进适用技术相结合，增强企业创新能力和市场竞争能力。

第六章
搞好维护服务，激发团队活力

　　维护职工的合法权益、竭诚服务职工群众是工会的基本职责，也是工会小组长应当肩负的责任与主要工作任务。工会小组长只有着力抓好维护班组职工合法权益，竭诚服务职工群众，团结和带领班组职工良好地完成生产和工作任务，构建和谐劳动关系的工作，才是找到了正确的角色定位。

第一节　掌握统筹兼顾、突出重点的维权方法

（一）掌握科学的方法

掌握维权方法就是掌握维权的途径和手段。牢固树立中国特色社会主义工会维权观，本身就包含对其揭示的工会维权科学方法的掌握。统筹兼顾、突出重点是马克思主义哲学辩证唯物主义全面论和重点论相结合的工作方法在工会维权工作中的具体运用。工会小组维护班组职工合法权益、构建和谐劳动关系工作是一个有机的整体，各项具体工作之间相互联系、相互配合，这就要求工会小组长在抓这项工作时必须统筹兼顾、全面推进，而不能顾此失彼、挂一漏万。然而，由于经济社会发展水平、职工队伍状况不同，各地各企业的情况千差万别，因而决定了工会维权工作内容的复杂性、维权领域的广泛性、维权对象的多层次性和职工维权需求的多样性。

（二）把握工作的重点

工会小组长抓维权，要从实际出发，突出重点，针对本地区、本单位和本班组的特点，把党政重视、职工关注的热点难点问题，作为工会小组维权工作的重点，在解决职工最关心、最直接、最现实的问题上下功夫。没有重点便没有政策，维权工作要突出重点内容、重点环节，防止"眉毛胡子一把抓"，如果工作不分主次，不分轻重缓急，平均使用力量，就不可能有所突破。但是如果只抓重点而不抓其他工作，重点工作失去了其他工作的配合和保证，也难以达到预期的效果。所以，工会小组长只有掌握和做到统筹兼顾、突出重点，才能使工会小组维护班组职工合法权益、构建和谐劳动关系的工作有活力、有作为。

　　掌握和运用统筹兼顾、突出重点的维权方法，做好维护班组职工合法权益、构建和谐劳动关系的工作，需要工会小组长在实际操作上注意以下几点：

　　一是在维权对象上，既要突出维护困难职工、下岗失业人员和农民工等群体的合法权益，又要注意维护其他职工群体的合法权益；

　　二是在维权内容上，既要突出维护职工劳动就业、收入分配、社会保障、劳动安全卫生等劳动经济权益，又要适应形势的发展，注意维护职工的民主政治权利、精神文化需求和社会权利；

　　三是在维权途径上，既要突出为职工群众解决实际困难和问题，搞好具体维护和个案维权，又要注意抓好源头参与，推动建立健全维权工作的长效机制。

　　总之是既要突出重点，又要兼顾各个方面，力求使工会小组维护班组职工合法权益、构建和谐劳动关系工作在整体上健康推进。

第二节　着力构建和谐稳定的劳动关系

　　职工群众合法权益的实现，基本是依靠和谐稳定的劳动关系，因此，工会小组长抓维权工作，就要以构建和谐稳定的劳动关系为着力点。劳动关系是指为实现劳动过程而由劳动者和劳动力使用者所结成的社会经济关系，劳动关系本质上是一种经济关系。工会在构建和谐劳动关系中的作用，就是要以职工代表的身份，协调劳动关系，解决劳动过程中出现的矛盾和问题，维护劳动者的利益，保护劳动者的积极性，同时促进企业的和谐发展。应该看到，改革开放以来，随着社会主义市场经济的发展，我国的经济关系、劳动关系发生了深刻变化，政府、企业、职工三者利益关系日益清晰，各种利益关系日趋多元、复杂，侵犯职工合法权益的情况时有发生，工会作为职工利益代表者、维护者应该而且也能够在协调和构建和谐劳动关系中发挥作用。

工会小组长抓构建和谐劳动关系工作，要从以下几个方面着手。

（一）　树立和谐发展、互利共赢的维权理念

在社会主义市场经济条件下，我国企业中出现的劳动关系矛盾在本质上是非对抗性的，属于人民内部矛盾，矛盾双方是对立统一体和利益共同体，具有根本利益的高度一致性和具体利益的相对差异性。工会小组长和工会小组必须从这一特点出发，倡导和谐理念、立足和谐发展，善于通过协商协议、调解仲裁等途径，协助政府、企业行政和有关方面通过法律、经济、行政等手段，解决劳动关系矛盾。要发扬主动精神，依照法律法规，坚持科学推进，把维权纳入规范化、制度化、法治化的轨道，确保劳动关系双方的协商共谋、机制共建、效益共创、利益共享，建立和发展规范有序、公正合理、互利共赢、和谐稳定的社会主义新型劳动关系。

（二）　注重机制建设

制度更带有根本性、全局性、稳定性和长期性。制度是工会小组长和工会小组做好维护班组职工合法权益、构建和谐劳动关系工作的基本保障。注重机制建设，重点在建立健全和完善职工代表大会、平等协商和签订集体合同这两大维权机制。就工会小组长而言，主要是坚持班组民管会、民主生活会、班组职工轮流上岗制等班组民主管理形式，其中尤其是要坚持班组民管会这一基本形式，要使之进一步规范化，确保班组职工民主权利的实现和收到维护班组职工合法权益、促进企业发展的双重实效。工会小组长和工会小组还要配合企业行政和企业工会，在工会小组做好平等协商和签订或修订集体合同的宣传工作，广泛收集班组职工的意见，就企业制定各项劳动标准和完善各项规章制度积极地提出建议；配合企业工会做好平等协商和签订或修订集体合同的具体工作，确保集体合同的签订率和履约率。此外，工会小组长和工会小组还应积极配合协助有关方面，进一步建立健全利益协调机制、诉求表达机制、矛盾调处机制、权益保障机制，并结合班组的实际情况，充分使这些机制发挥维护班组职工合法权

益、构建和谐劳动关系的作用。

（三）抓好协调劳动关系的具体工作

要着眼于劳动关系的建立、运行、监督、调节等环节，及时发现问题及时解决。具体来说，就是要帮助指导班组职工与用人单位签好劳动合同，配合有关方面加强对劳动关系运行情况的检查监督，重在劳动争议的预防。劳动争议一旦发生，就要及时做好调处工作，为职工说话，帮助职工获得必要的法律援助。

要按照企业工会的要求和部署，在工会小组搞好创建和谐班组、和谐企业活动，推动班组和企业形成各项制度规范合理、职工权益充分保障、双方协商平等合作、工会作用有效发挥、劳动关系和谐稳定的良好局面。

第三节　注重多为职工办实事

维护班组职工合法权益、构建和谐劳动关系就要积极主动、着力解决班组职工最关心、最直接、最现实的利益问题，多为班组职工办实事。

（一）维护就业权和获得劳动报酬的权利

要大力促进就业和再就业。工会小组长和工会小组要配合企业工会和有关方面依法监督企业规范裁员行为，帮助职工稳定就业岗位，提高就业质量。要充分发挥工会职业介绍、职业培训机构和再就业基地的作用，提高职工就业能力和技能素质，促进下岗失业人员尽快实现再就业。同时对已经下岗职工要会同有关方面，保证其相关政策的落实。

要维护职工获取劳动报酬的权利。工会小组长要注意了解和监督用人单位是否按照有关劳动法律法规，按时足额合理地支付了劳动者的劳动报酬。如有违反工资支付的法律法规、严重侵犯班组职工劳动权益的行为，工会小组长应当代表班组职工向有关行政领导提出意见或者向上级工会反映，通过上级工会与用人单位行政交涉，要求用人单位采取措施予以改正。对于班组职工因劳动报酬问题向劳动和社会保障部门的监察机构举报、要求查处或向劳动争议调解委员会、仲裁机构申请调解或仲裁的，工会小组长应予以支持和帮助。除此之外，在源头参与上，工会小组长还应积极参与班组收入分配办法的研究制定，配合基层工会推广工资协商要约行动，推动完善收入分配制度，规范收入分配秩序，落实职工群众参与工资分配的权利。

（二）保障劳动安全和人身安全

要监督有关劳动安全卫生法律法规的政策措施的落实，要坚持"安全第一、预防为主、群防群治、依法监督"的原则，开展多种形式的安全生产监督检查活动，督促用人单位认真执行国家有关劳动保护的法律法规和政策，落实安全生产责任制，不断改善班组职工的劳动安全卫生条件，坚持把劳动保护措施落实到企业生产经营的各个环节中去。为了维护班组职工享有的劳动安全卫生保护的权利，对用人单位及分厂、车间（科室）、班组违反劳动法律法规、侵犯班组职工劳动保护权益的行为，工会小组长应当代表班组职工与之进行交涉，或者通过上级工会，要求用人单位采取措施予以改正，如用人单位拒不改正的，还可以请求当地人民政府依法处理。

（三）促进社会保障和做好帮困救助工作

要落实班组职工的社会保障权利。工会小组长要协助企业工会督促用人单位依法为职工缴纳养老、医疗、失业、工伤、生育保险费，参与解决农民工的社会保障问题，加强职工互助互济保障体系建设，稳步推进企业年金制度。要把工会送温暖活动同各项社会保障制度紧密结合起来，进一步推动其经常化、制度化、社会化。对于国有改制和破产企业，工会小组长要配合企业工会督促在资产处置过程中，落实职工社会保障权利，做好下岗分流职工社会保险关系的接续工作。

　　要努力做好班组困难和特别困难职工的帮扶工作，不断提高帮扶工作的质量和水平。要向班组困难和特别困难职工、农民工提供及时有效的帮助，做好排忧解难工作。要健全班组困难和特别困难职工的档案，注重解决职工因大病医疗、子女上学、意外事故造成的特殊困难，当好班组职工合法权益的第一知情人、第一报告人、第一帮扶人和第一监督人。

第七章

代表和组织班组职工进行民主管理

　　代表和组织职工进行民主管理，是工会小组长贯彻党的全心全意依靠工人阶级根本指导方针的重要工作内容，也是工会小组长贯彻工会十八大精神、突出维权服务、履行新时代工会基本职责的重要手段。

第一节　充分认识班组民主管理的重要性

班组民主管理是企事业单位民主管理的重要组成部分，也是工会小组长代表和组织班组职工进行民主管理的主要领域，抓好班组民主管理工作，工会小组长责无旁贷。

（一）班组民主管理的意义

职工民主管理是基层实施社会主义民主的重要形式，也是现代企事业单位管理的重要内容。职工民主管理的本质是民主，即它的主体全体职工群众。职工民主管理的目的，就是要通过民主和法制的手段，保障职工行使经济、政治、文化等方面的权利，实现其合法权益，调动、激发其生产、工作积极性和对企事业单位的认同感，共同促进企事业单位的稳定和发展。促进职工民主管理的发展，提升职工民主管理的水平。这是新形势下组织和发动广大职工为我国经济社会高质量发展而奋斗的需要，也是党和职工群众的要求。

工会小组长代表和组织班组职工进行民主管理，就是要调动职工参与班组乃至企事业单位民主管理的积极性，建立健全和完善班组各项民主管理制度，落实班组民主管理的各项职权；维护班组职工合法权益，正确处理国家、企事业单位、职工三者之间的利益关系，支持和参与班组生产管理，围绕企事业和班组生产工作中心，组织开展班组各种群众性活动，不断提高班组乃至企事业单位生产和工作的效率与效益；调节班组内部矛盾，特别是协调好劳动关系，促进班组乃至企事业单位和谐稳定地向前发展，为高层次民主管理夯实基础。

（二）班组民主管理的性质与特点

班组民主管理是班组全体职工依照法律规定，通过一定的组织形式，对班组权限范围内的事项行使民主管理权利的活动。班组民主管理是班组职工最直接、最广泛、最经常的民主管理活动，也是工人阶级行使当家作主民主权利的具体体现和重要形式。班组民主管理具有全员性特点。班组一般人数不多，便于组织和开展活动，因此与企业、分厂（车间）职代会不同，班组民主管理不是选举少数职工代表参加，而是由班组职工全员参加。班组民主管理的主体，是班组的全体成员。在班组范围内，全体成员对班组的生产情况、奖金分配、规章制度、生活福利、奖惩等问题，都有参与管理的权利。班组民主管理的全员性，还要求在班组生产全过程中，做到全员参加、全员管理，而不是靠少数几个人去管理，这样就使职工参加企业管理成为一种人人参与的活动。班组民主管理又具有直接性的特点。班组每个职工既是生产者又是管理者，每个职工都有直接参与管理的机会，能够比较直接地行使职工群众当家作主的权利；同时班组民主管理的事项直接同班组内生产管理等工作有关，同每个职工的切身利益有关，班组职工通过亲身参与或主持班组管理工作，会亲身感受到自己是企业的主人，从而增强自己的主人翁责任感。班组民主管理还具有渗透性特点。班组民主管理与班组行政管理相互渗透、相互依存和制约。

（三）班组民主管理的重要性

班组民主管理是企业民主管理的基础，从建立企业民主管理网络体系和完善企业民主管理制度看，班组民主管理既是企业民主管理的一个重要层次、处于基础地位，而且也是企业民主管理的一项重要制度。加强班组民主管理工作，有着十分重要的意义。

1.搞好班组民主管理，有利于增强企业活力。一个企业能否发展在于企业有没有活力，而企业活力的源泉从根本上说就在于广大职工的积极性、智慧和创造力。当职工的主人翁地位得到切实保障，他们的劳动和自身的物质利益紧密联系的时候，职工的积极性、智慧和创造力才能充分发挥出来。这也就是说，企业民主管理是增强企业活力的一个关键环节，而其中班组民主管理更起着直接的作用。

2.搞好班组民主管理，有利于加强企业各项基础工作。班组是企业的细胞，是企业的基础。企业的各项管理，最终都要落实到班组。加强班组民主管理，对于调动每个职工的积极性，集中大家的智慧和力量，完成各项任务，具有重要作用。班组民主管理从各个方面支持着车间和企业的民主管理，因而，搞好班组民主管理是搞好企业民主管理的重要一环。

3.搞好班组民主管理，有利于激发广大职工的主人翁积极性。随着企业改革的深化，企业的转型升级和一些地方管理扁平化的探索，班组在生产任务、工作安排、资金分配等方面具有了一定的自主权。班组这些自主权由谁行使和如何行使，是一个值得认真研究和把握的问题。在这种情况下，班组职工参加班组管理的愿望和要求日益强烈，主人翁意识和责任感大大增强，更加关心班组工作。在企业，没有广大职工当家作主的班组民主管理制度，社会主义的基层民主就落不到实处。只有加强班组民主管理，才能使广大职工通过参加民主管理的实践，深切地感受到自己的主人翁地位，从而进一步调动广大职工的积极性和创造性。

4.搞好班组民主管理，有利于维护班组职工的合法权益。班组民主管理是班组职工行使民主管理权利、维护自身利益的重要途径和有效机制。班组职工运用班组民主管理的形式，实行政治民主、经济民主、生产技术民主和生活民主等。工会小组长是班组职工利益的代表者和维护者，是班组职工民主管理的组织者，因此，抓好班组民主管理应是其必须高度重视的一项重要工作。

第二节　把握班组民主管理的形式、职责和制度

班组民主管理是全体员工直接参与的管理，只有不断健全和完善班组民主管理的形式、职责与工作制度，才能促进其规范发展。

（一）班组民主管理的基本形式和职责

1.班组民主管理的概念与基本形式。根据《职工代表大会条例》关于

工人直接参加班组的民主管理的规定，职工直接参加班组的民主管理。

班组民主管理是由班组职工直接参加的一种群众管理活动。班组民主管理会，是由工会小组长主持，班组全体成员参加，按照有关规定对班组权限范围内的有关事项进行审议、通过或决定的一种民主管理形式，是职工群众在班组行使民主管理权利和当家作主的具体体现。班组民主管理应当是班组全员管理，班组的重大问题应由班组全体成员讨论和决定。班组长、工会小组长向班组民主管理会负责，应贯彻班组民主管理会的决议、接受班组民主管理会的监督。

2.班组民主管理的职责。班组民主管理会的职责主要有以下几点。

（1）贯彻落实企业和车间职工代表大会决议。企业和车间职代会涉及的内容很多，主要是年度计划、安全生产中的重大问题、奖金分配方案和住宅配售方案等。在传达这些文件时，要结合班组实际，发动职工出主意、想办法、制订各种落实方案的措施，确保完成企业和车间下达的各项任务。具体程序是：听取职工代表传达企业、车间职工代表大会精神；根据企业的奋斗目标及对本班组的任务要求，发动群众，群策群力，制定出贯彻落实企业、车间职代会决议的有效措施；把措施落实到岗位和个人，具体组织实施。

（2）听取和讨论班组生产任务和作业计划。班组生产任务和作业计划是班组生产活动的主要内容。这一项工作的具体程序是：听取班组长根据企业、车间生产任务要求，制定本班组的具体实施方案及其说明；认真讨论班组实施方案是否可行，集思广益，制定和完善作业方案和措施；明确班组每个职工所承担的生产任务和责任，确保全组各项生产任务的完成。

（3）审议通过班组经济责任制考核办法及奖金分配方案。经济责任制考核办法及奖金分配方案涉及每个职工的切身利益，是职工最为关心的一件大事。必须遵循以下原则和程序：组织职工认真学习上级有关政策及规定，按照有关政策规定制定本班组经济责任制考核办法；全员参加讨论班组奖金分配方案；奖金分配实行"三公开"，即奖金来源公开、奖金分配办法公开、奖金分配结果公开，提高班组奖金分配的透明度。

（4）讨论决定班组有关职工生活福利的事项。职工生活福利事项具体到班组，包括生产劳动条件和生活设施的改善、职工困难补助、互助救济以及职工合法权益被侵害时受理职工申诉等项内容。做好这项工作的原则和程序是：凡是职工提出的正当合理要求，在班组权限范围内能够解决的，要积极地帮助解决；职工提出的合理要求，超出班组权限的，要积极向上级反映；对生活上确有困难的职工，通过民主讨论，提出补助或互助的建议，请示上级工会解决；培养职工集体主义观念，在班组形成互相关心、互相爱护、互相帮助的良好风气，积极开展"建小家、送温暖"活动。

（5）讨论制订和落实班组各项规章制度。班组应制定的规章制度主要有：班组民主管理会制度、设备和工具管理制度、劳动竞赛制度、安全文明生产公约、考勤制度，等等。在讨论制定班组各项规章制度时应注意：一要符合党的方针政策和国家的法律法规，以及厂、车间职代会通过的各项制度规定；二要切合本班组的实际，有利于加强管理，推动班组生产和各项工作；三要使班组制定的各项规章制度、办法等，经过班组民主管理会讨论通过方为有效，班组每个成员都要认真贯彻执行。

（6）民主选举班组长，并民主评议班组工作。民主选举班组长的工作，一要根据上级行政和工会的要求进行；二要召开班组民主管理会进行选举，充分体现职工的意愿，让职工行使民主权利。其具体工作程序是：由班组长向职工报告工作完成情况；坚持实事求是、一分为二的原则评议班组工作；勇于开展批评和自我批评。

（7）民主选举职工代表和工管员，并对职工奖惩提出建议。这一工作程序是：选举职工代表要根据上级的统一部署进行；候选人的产生要充分发扬民主，尊重职工的意愿；在表决形式上应尽量采取无记名投票方式。另外，要按照职工的实际工作成绩、贡献大小提出奖惩建议，对先进人物及其事迹要宣传表扬。

（二）班组民主管理的其他形式及职责

班组民主管理的其他形式有班组民主管理小组、班组民主管理员、班组民主评议会、班组献计献策会、班组民主生活会和班组职工轮流上岗制等。这里选择其中几种主要形式进行介绍。

1.班组民主管理小组。在规模较大、人员较多的班组，可以根据需要设置民主管理小组，由工会小组长任组长，负责班组日常民主管理工作。班组民主管理小组由工会小组长、班组长、党团小组长、上一级职工代表和工管员组成。班组民主管理小组成员，由班组全体职工参加的民主管理会议选举产生，可每两年改选一次，连选连任。若有缺员，及时补选。民主管理小组作为班组民主管理的工作机构，负责班组民主管理的日常工作。班组民主管理小组的主要职责如下：

（1）按期主持召开班组民主管理小组会、班组民主管理会、民主生活会和有关专题性讨论会；

（2）负责民主管理资料的收集、整理和台账登记、保管工作；

（3）每月向车间工会汇报一次班组民主管理工作情况，如遇重大问题要及时请示汇报；

（4）了解职工对民主管理工作的意见和建议，有关民主管理工作的设想、安排，应主动与班组长协商；

（5）要善于发挥民主管理小组其他成员的作用，积极协助班组长搞好班组建设。

2.班组民主生活会。这是班组全体成员以会议的形式，从团结的愿望出发，开展批评和自我批评，达到新的团结的自我教育的民主生活方式。班组民主生活会一般由班组长主持，围绕班组职工思想、工作、生产、管理、生活的实际问题开展批评与自我批评，以达到消除隔阂，相互帮助，促进团结，共同提高的目的。班组民主生活会可与班组民主管理会衔接召开。

3.班组职工轮流担任班组长助手。这是指班组职工根据工作需要，作为班组长的助手，轮流定期负责班组的有关工作，是班组职工直接参与班组管理工作的一种有效方法。班组实行职工轮流担任班组长助手有利于班组长集中指挥，有利于培养锻炼班组成员的组织指挥能力和管理能力，有利于班组成员自觉遵守班组的规章制度，积极完成班组交给的各项工作任务。

4.班组民主管理员。班组民主管理是工人直接参加班组管理的一种形式。班组民主管理员的设置要贯彻少而精的原则，根据实际需要来确定。一般可设宣传辅导员、技术质量员、经济核算员、安全设备员、材料工具员、考勤员和生活福利员。班组职工少的，可以"一员多职"。班组民主管理员一方面要在班组长的领导下，接受专业管理部门的指导，承担各自的管理任务；另一方面又要在工会小组长的组织下，从事班组的民主管理工作，把专业管理、民主管理两种职能集于一身，促进专业管理的群众化。

除专业管理的要求外，班组民主管理员在班组民主管理工作中，有以下共同职责：结合专业分工，负责起草有关民主管理工作的计划、方案、制度等；在工会小组长主持下，参加班组日常民主管理工作；听取职工群众的意见、建议，并向班组长及上级有关领导反映；负责做好班组民主管理活动的记录；协助班组长做好职工思想工作，加强班组团结，协调各种矛盾。班组民主管理员可由班组长、工会小组长与班组职工协商，民主推选产生，也可由班组职工民主选举产生。

（三）班组民主管理的制度和活动方式

为保证班组民主管理工作的正常开展，必须建立和健全班组民主管理制度并采取与之相适应的活动方式。班组民主管理工作应做到工作制度化、活动程序化。

1.班组民主管理会的制度和活动方式。班组民主管理会一般每季召开一次，也可根据需要由班组长、工会小组长协商或1/3以上职工提议，随时召开。班组民主管理会要有本班组2/3以上职工参加方能召开。讨论决定的事项，要有班组全体职工半数以上同意才能生效。班组民主管理会讨论决定的事项，班组成员要共同遵守。班组民主管理会在其职权范围内讨论的事项的变更，必须由班组民主管理会再次讨论、同意后，方可变更。否则，任何人不能随意变更。班组民主管理会实行民主集中制。班组长要执行班组民主管理会在其职权范围内做出的决定，班组长对班组民主管理会的决定有不同意见时，可提请民主管理会复议，如复议后意见仍不一致，应向车间党、政、工组织报告，协调解决。班组民主管理会的每次例会，由工会组长首先报告上次会议各项决定的执行情况，然后再讨论本次会议所要解决的问题。班组民主管理会的议题，由工会组长在征求职工意见的基础上，与班组长协商确定，并将会议主要议题提前通知班组职工。会议的议题不要太多，一次应集中解决一两个问题。班组民主管理会议及活动情况要有记录、有检查、有处理结果。

2.班组民主管理小组的制度和活动方式。班组民主管理小组在民主管理小组长主持下开展活动，负责班组民主管理的日常工作。班组民主管理小组一般每月召开一次会议，讨论、研究班组的民主管理工作。班组民主管理小组的工作应做到月初有安排、月底有总结，工作情况要定期向班组民主管理会汇报。在贯彻落实班组民主管理会的决定的过程中，班组长和民主管理小组长应明确分工，属于生产经营方面的问题，由班组长负责落实。属于民主管理方面的问题，由民主管理小组负责落实。要做到密切协作，共同搞好班组民主管理。

3.抓好班组民主管理工作应注意的几个问题。班组民主管理是群众性的管理活动。班组职工是民主管理活动的主体，发挥班组每个职工的积极性是搞好班组民主管理的关键。班组长、工会小组长、民管员在班组的生产经营、班组管理、群众工作中发挥着骨干作用。因此，发挥班组长、工会小组长和民管员在民主管理中的骨干作用，是搞好班组民主管理十分重要的一环。班组民主管理工作应注意以下几个问题。

（1）班组长要善于依靠群众，发挥班组集体的智慧和力量。我们常讲，班组长是"兵头将尾"，权小责任大。班组长既是安全生产的带头人，又是班组的行政管理者。因此，要搞好班组工作，班组长要善于依靠班组职工集体的智慧和力量，为工会小组长和民管员开展工作创造条件。

（2）工会小组长要充分发挥在班组民主管理中的组织作用。工会小组长是班组民主管理会的主持者，工会小组长应把班组民主管理作为工会小组的工作重点，把工会小组办成政治民主、经济民主、生活民主的集体。

（3）要注意班组民主管理会和班组会的区别。一是二者的主持人不同。班组民主管理会由工会小组长主持，班组会由班组长主持。二是二者的组织制度不同。班组民主管理会一般每季召开一次，遇有临时需要解决的重要问题也可以随时召开。而班组会开会较多，有些班组每天的晨会、晚会已成为例会。三是二者的内容不同。班组民主管理会内容比较集中，都是民主管理职权范围内的问题，而班组会内容比较复杂，多是布置生产任务等。

（4）考虑到有些企业、有的时段生产特别繁忙、班组生产任务紧张的特点，有时班组民主管理会和班组员工会可以联合召开，但是会议主持人要分开，会议内容要分开，不能混合在一起。

（5）班组民主管理小组不能代替班组民主管理会行使职权，如遇有重要问题，可召开班组民主管理小组会协商解决，但作出的决议要在下次班组民主管理会上得到确认，班组民主管理会有权改变民主管理小组的决定。

第八章

工会小组的自身建设与班组建设

　　工会小组的自身建设主要是组织建设、思想建设与队伍建设；班组建设是企事业单位管理特别是基础管理的一个方面，是采取有效的措施和手段，调动和激发班组全体成员的积极性与潜能，加强成员之间的团结与协作，实现组织目标的方法与过程。由于工会小组的自身建设与班组建设有内在的一致性，也由于一般情况下班组成员多数都是工会小组成员，因而工会小组自身建设与班组建设相辅相成，相互促进，互相成就。

第一节　发展会员和健全完善工作制度

（一）做好会员的组织发展和教育管理工作

发展会员是工会小组加强自身建设，壮大组织力量的途径和基础工作，尤其是在工人阶级队伍不断发展壮大，新成员不断增加，利益维护需求凸显的情况下，做好新会员的发展工作，加强对会员的教育，提高他们的组织观念，更好地"组织起来、切实维权"，这对保证工会小组工作的顺利开展具有十分重要的意义。

发展会员是一项既积极又细致的工作，首先要通过耐心引导，启发职工的入会愿望，然后对于要求加入工会的职工，要做宣传教育工作，使他们提高对工会性质、作用、任务的认识，明确加入工会、作为工会会员应享受的权利和应尽的义务，了解工会的组织领导体制和活动方式，以及入会条件。通过一系列各种形式的宣传教育活动，增强职工的组织观念，最大限度地把职工吸引到工会组织中来。

工会小组长应抓好协助基层工会建立健全会员档案的管理工作，做好会员证的发放和会员会籍管理，以及按时收缴会费等工作。会员工作变动，要按照规定协助基层工会及时做好转移工会组织关系和保留或恢复会籍等工作。

（二）建立健全和完善工会小组的各项制度

制度是搞好工会小组工作的基本保障，具有根本性、全局性、稳定性和长期性。工会小组要常抓工会小组的自身建设与改革，推进工会小组工作的群众化、民主化，增强工会小组工作的活力，其重点要放在建立健全和完善工会小组各项制度，使工会小组的工作、活动制度化、规范化上。

从目前情况看，需要着力建立健全和完善的工会小组各项制度主要如下。

1.岗位责任制度和日常活动制度

（1）岗位责任制。工会小组长和小组骨干要明确各自的职责，分工明确，职责清楚，按照各自的职责开展工作，使小组的各项工作落到实处。

（2）小组活动日制度。通过建立活动日制度，使小组活动经常化、小组工作有条不紊。小组活动的形式，可以采取学习、开民主生活会、讨论工作、组织其他活动等多种形式。在内容上，可以贯彻分厂职代会的决议和上级工会的指示，表扬先进，帮助后进，开展批评与自我批评；民主讨论，制定小组的规章制度，竞赛规划；听取小组会员、职工对班组、企业生产计划、技术措施、经营管理、工资奖金、生活福利等方面的意见和建议；讨论决定职工互助互济、困难补助及吸收新会员等。开展工会小组活动要注意发扬民主，在形式、内容的选择上要多听小组会员和职工的意见，尽可能地反映和满足他们的愿望要求，依靠他们搞好活动，同时也要使他们从参加活动中受到教育、得到提高。

2.民主管理制度

（1）民主管理制度。要通过组织多种形式的民主管理活动，提高小组成员的民主意识，增强主人翁责任感，正确行使民主权利，开好小组民主会。民主评议工会小组长。

（2）民主生活会制度。小组民主生活会是工会小组加强自身民主建设的一项重要制度，是会员群众发扬民主、开展批评与自我批评、进行自我教育的有效形式。小组民主生活会要大力表扬小组成员在推动企业创新发展、提高核心竞争力中涌现出的好人好事，批评不良倾向，帮助后进，协调职工之间矛盾。对小组中出现的带有倾向性的问题，通过民主讨论，达到统一思想认识，增强小组团结，调动积极因素，创造一个宽松、和谐的环境。

3.日常工作制度

（1）小组骨干定期碰头制。小组骨干要定期召开碰头会，分析小组成员的思想状况、小组各项工作完成情况，传达贯彻上级工会布置的工作要求，讨论本小组工作设想，使小组骨干统一思想，共同开展好小组工作。

（2）台账记录制。加强这一制度便于积累资料、总结经验，有利于掌握交流信息，不断提高会员和职工的工作水平。工会小组的台账记录，要根据本单位、本小组的实际，设立相应的记录项目。台账形式要力求科学化，简明扼要，避免烦琐的形式主义。

第二节　积极分子队伍建设和"职工小家"建设

（一）工会积极分子建设的意义与重要环节

随着企事业单位改革的深化，在基层，"工会干部少、工会工作多"的矛盾十分突出，这种情况在工会小组则更为明显。工会小组长是兼职，既要做好生产、工作岗位上的本职工作，又要做好工会小组长岗位上的工会小组领导工作，因此，仅靠工会小组长一人来做工会小组的工作显然是不够的。只有培养依靠有各种专长和不同爱好，且热心工会小组工作的骨干和积极分子，大家办工会，才能充分体现工会小组的民主性和体现联系职工群众的优越性，才能活跃工会小组的工作。抓好工会小组骨干和工会积极分子队伍建设，就要注意发现培养和合理地使用骨干和积极分子。

1.选拔环节注意事项

一要注意发扬民主。可通过小组会员民主选举或小组会员自荐、小组聘请或特邀等办法挑选适宜人选。二要注重质量。坚持骨干和积极分子条件，认真努力地把那些热爱工会小组工作，密切联系群众，热心为群众办事，在群众中有一定威信，有无私奉献精神且具有某方面爱好和专长，有一定组织能力、交往能力和活动能力的人选拔到工会小组骨干和积极分子队伍中来。三要本人自愿。要出于对工会工作的热爱、自觉自愿参加工会小组骨干和积极分子队伍，为工会小组和职工服务。

2.培养环节注意事项

一要态度积极。采取多种方式，对工会小组骨干和积极分子进行有计划的教育与训练，努力提高他们的素质和工作能力。二要系统指导，热心帮助。对工会小组骨干和积极分子在工作生活中遇到的困难和问题要及时了解掌握，从实际出发给予热情的帮助和指导，增强他们的工作信心，使之适应所做工作的需要。三要大胆使用。在实践中锻炼，要相信、依靠工会小组骨干和积极分子，使他们有职、有权、有责，通过建立健全各种机制，为各类骨干和积极分子提供充分任职机会，充分发挥其作用，使他们在实践锻炼中，较快成熟起来。

3.管理环节注意事项

一要建立健全工会小组骨干和积极分子管理的规章制度；二要合理使用工会小组骨干和积极分子，既要放手让他们工作，又不能使他们负担过重；三要关心并及时解决工会小组骨干和积极分子工作中遇到的实际问题，关心他们的进步与成长，支持他们的正确意见和合理要求，在他们的合法权益受侵害时，要替他们说话、维护他们的合法权益，对于工作突出的工会小组骨干和积极分子，要给予表彰奖励，并作为评先的依据。

总之，只有把上述环节和工作抓好，才能建设好一支工会小组骨干和积极分子队伍，增添骨干力量，发挥积极作用，工会小组工作才会出现持久的活力，收到显著成效。

（二）开展好建设"职工小家"活动

"职工之家"是工会组织同群众保持血肉联系、体现工会的阶级性和群众性、反映工会宗旨和新形势下工会工作方针的一种形象说法与做法。多年来，许多地方除了在基层工会开展"建大家"活动的同时，还在分工会和工会小组开展了"建小家"活动。从一些单位的具体做法看，建"职工小家"既要抓形象建家，如建立职工活动室、活动角，改善职工的工作休息环境等；又要抓实质建家，如维护职工权益、民主管理、增强职工团结、促进单位和谐发展等。通过抓"建小家"，使工会小组真正成为文明、民主、温暖、安全、和谐的"职工小家"。

1. "职工小家"建设中应做的重点工作

工会小组长抓创建和完善具有自身特点的"职工小家",主要应做好以下工作。

（1）加强工会小组建设，工会小组长要由小组会员直接选举产生，要建设好一支热心为职工群众服务的工会小组骨干和积极分子队伍。

（2）建立健全班组民主管理、民主参与、民主监督制度，定期召开班组民主管理会议，坚持各项公开制度，积极反映职工群众的意愿和要求。

（3）发扬团结友爱和集体主义精神，搞好互助互济，帮助职工解决实际困难。

（4）组织职工进行政治思想和业务技术学习，不断提高职工的思想政治觉悟和职工技能水平，开展群众性的经济技术创新活动，努力完成生产和工作任务。

（5）严格执行各项安全生产、劳动保护制度，不断改善职工的生产作业环境，加强安全生产和劳动保护的监督检查，做好女职工和未成年工的特殊保护工作。

（6）积极开展群众性文体活动，因地制宜，开展形式多样、丰富多彩的文体活动，满足职工群众的精神文化需求。

（7）深入开展好建文明班组、创文明岗位、做文明职工活动，开展和创建和谐班组、和谐企业活动。在创建和完善"职工小家"的形式上，要因地制宜，因时而异，发扬传统，体现特色，勇于创新，注重实效。

2. "职工小家"建设中的注意事项

工会小组长抓建设"职工小家"活动应注意以下问题。

（1）要制订好开展"建小家"活动的办法，包括明确工作标准、工作要求、工作思路、工作重点，做到有计划、有措施、有检查、有总结、有创新，使这项活动的开展科学化、规范化、经常化。

（2）要形成新的建家工作格局。应减少一般化、形式化的评比活动，充分发挥"建小家"的综合评比表彰作用，把工作重点放到工会小组，切实夯实基层工会、分工会"建小家"的工作基础。

（3）要采取灵活多样的活动方式，坚持以小型为主、业余为主、会员满意为主、灵活多样为主。

（4）要建立求实科学的考核验收方式，在坚持必要程序的同时，尽可能减少工作负担，把会员是否认可作为建家第一标准。

（5）要创新和完善建家机制。建立激励机制：要把"建小家"成果与工会小组工作和工会小组长及骨干、积极分子的评先、奖励、晋级结合起来，充分调动基层工会小组和工会小组长及骨干积极分子的积极性，激发"建小家"活力，争创一流工作业绩和水平。建立约束机制：实行动态管理，制定严格的考核标准，由会员群众通过小组民主会形式进行评家、认家活动，评出优劣，以促进建家工作不断提高；建立合力机制，充分调动党政工和班组职工积极性，齐心协力共建一个家，形成良好的建家环境和工作格局。

（6）要注意总结建家实践经验，并经过分析研究使之上升成制度与理论，以制度理论创新来更好地指导、推动"建小家"实践。

第三节　促进班组建设

促进企业发展，维护职工合法权益，这是企业工会工作的根本原则，也是工会小组工作的根本原则。贯彻落实这一原则的根本目的，就是要求得企业发展和职工权益更好实现的双赢效果。为此，工会小组长不仅要抓好工会小组的自身建设，而且要把它纳入加强班组建设的整体工作之中，以工会小组的自身建设促进班组建设。

（一）提高对促进班组建设重要性的认识

把促进班组建设作为工会小组长应抓好的一项重要工作，这是由这一工作本身的特殊性决定的。对此，工会小组长必须具有充分的认识。

班组是企业的细胞，是企业组织生产经营活动和管理工作最基层的组织。班组处于企业改革创新发展的第一线，是企业活力的源头。只有抓好班组工作和班组建设，企业才能稳步发展；只有班组充满生机，企业才会有活力和后劲，才能激发广大职工群众的积极性和创造力，在国内外市场的激烈竞争中立于不败之地。

班组管理是企业管理的基础，班组工作是企业一切工作的落脚点。企业的生产经营、科技进步、民主管理等各项工作，都必须最终落实到班组。因此，加强班组建设、抓好班组管理、提高班组素质，对于夯实企业管理的基础，增强企业的内在实力，促进企业改革、创新和发展，最终走上依靠科技进步和提高劳动者素质求发展的轨道，具有重要意义。

班组是职工群众的生产、生活、工作的聚集之地，是他们的重要活动场所。职工群众的主人翁地位首先要在班组中得到体现，职工群众在改革、创新和发展中的主力军作用首先要在班组工作中得到发挥，职工群众的政治、经济、文化和社会权利、权益首先要在班组中得到实现。职工群众的自身素质首先要在班组中得到提高，职工群众的聪明才智和创造力首先也要在班组工作实践中得到激发。因此，班组是职工群众活动的大舞台，只有着力加强班组建设，才能最大限度地维护和实现广大职工群众的根本利益和具体利益，提高职工队伍素质，促进职工的全面发展，进而调动起和发挥好广大职工群众的积极性、智慧和创造力，齐心协力地共同促进企业各个方面又好又快地向前发展。

班组是工会小组的依托，是工会小组开展工作的场所。工会小组是按照生产（行政）班组划分建立的，生产（行政）班组撤销工会小组就不复存在，所以工会小组离不开生产（行政）班组。同时生产（行政）班组又是职工、会员的集中之地，生产、生活、工作之地，工会小组的建立就是为了满足他们的生产、生活、工作和实现其自身权益的需要，因此，他们就是工会小组和工会小组长开展工作的主要对象和服务对象。离开了班组和班组职工，就谈不上工会小组和工会小组长的工作。所以，促进班组建设与加强工会小组建设不仅具有紧密的内在联系，而且目标也是完全一致的。

（二）协调好与生产（行政）班组的关系

工会小组是按生产（行政）班组的建制设置的，这种组织设置上的特殊性，使企业班组既包括了生产（行政）班组，也包括了工会小组，两者常常是同一体。两者虽然在性质、任务、作用上有所不同，但总目标是一致的，即两者都要在工作中围绕班组生产、管理、教育等内容开展工作。生产（行政）班组与工会小组之间是互相平等、互相尊重、互相合作、互相支持的关系。这里我们既不能混淆两者的性质、任务和作用，也不能把两者割裂、对立起来，正确的认识和做法就是把工会小组工作与促进班组建设相统一。

协调好工会小组与生产（行政）班组之间关系的关键是协调好工会小组长与生产（行政）班组长之间的关系。生产（行政）班组长是班组生产经营管理的组织者、指挥者和管理者，通过班组的行政组织管理来完成班组承担的生产工作任务；工会小组长则是工会小组的组织者、负责者，通过开展班组民主管理，帮助班组长集中班组职工的智慧，群策群力，发挥职工的积极性，共同搞好班组工作，出色完成生产工作任务。工会小组长和生产（行政）班组长之间的关系是相互配合、相互支持、平等合作的同志式关系，两者的根本利益和共同目标都是搞好班组建设，出色完成生产工作任务，提高经济效益，增加社会财富，改善职工生活。作为生产（行政）班组长应当对工会小组长抱着真心依靠、充分尊重、坚决支持的态度，不仅自己要以一个普通小组会员的身份积极参加工会小组的活动，而且还要大力支持工会小组长的工作，努力为工会小组开展工作创造条件、提供便利；作为工会小组长则要坚决维护生产（行政）班组长的班组生产经营管理的指挥权威，积极热情地支持和帮助生产（行政）班组长工作，寓监督于支持之中。同时还要教育职工遵纪守法，提高素质，动员和带领班组职工为完成班组生产工作任务，促进班组建设和发展贡献力量。

总之，生产（行政）班组长、工会小组长都要从不同的角度发挥各自的优势和积极性，相互配合、步调一致地围绕本班组的中心任务开展工作，使班组建设、班组民主管理和班组整体工作不断提高到新水平。当两者遇到矛盾时，工会小组长和生产（行政）班组长要抱着真诚的态度，心平气和地解决分歧和矛盾，各自多做自我批评，在遇有原则分歧时，可通过上一级组织及时解决。

（三）抓好促进班组建设的各项具体工作

工会是群众组织，有做职工群众工作的特点和优势，工会小组长必须从这一特点和优势出发，充分调动小组会员和班组职工的积极性、创造性，以卓有成效的工会群众工作来促进班组建设。具体来说主要包括以下几个方面：积极参与讨论、制订班组建设计划或方案；组织开展以创建先进班组为主要内容的班组升级活动；加强班组民主管理，建立健全班组民主管理制度，组织开展班组民主管理活动，反映职工合理要求，维护职工合法权益；组织开展班组群众性经济技术活动，通过组织开展劳动和技能竞赛、合理化建议和技术练兵、技术比武、技术协作等活动，提高班组职工素质，促进班组生产、工作任务和技术指标的完成；组织开展班组安全建设活动，做好安全生产的检查与监督，提高班组安全生产水平；做好工会小组工作，建设"职工小家"，开展互帮互助活动，关心职工物质文化生活；做好职工思想政治工作，推动精神文明建设和和谐班组、和谐企业建设；等等。

工会小组长抓好上述工作，可以使工会小组在促进班组建设中发挥出自身应有的重要作用。

第九章

工会小组长自身素质的培养与提高

　　工会小组长的自身素质是工会小组长从事工会小组领导工作的基础。要做一名合格的现代工会小组领导者，工会小组长就必须把培养提高自身素质作为一项重要任务，落到实处。

第一节　工会小组长培养提高自身素质的必要性、重要性

工会小组长要培养提高自身素质，首先必须了解自身素质的内涵和特征，明确培养提高它的必要性、紧迫性和重要意义。

（一）　工会小组长自身素质的内涵和特征

工会小组长的自身素质是指工会小组长在自身基础上，通过学习培养、实践锻炼所造就的实施工会小组领导必备的主观条件的总和，一般包括政治素质、知识素质、能力素质和身心素质。工会小组长的自身素质具有以下重要特征。

1.综合性

从工会小组长自身素质所包含的内在要素看，既包含先天的生理因素，又包含后天的实践修养；从工会小组长自身素质的内容构成看，既包括政治素质、知识素质，又包括能力素质和身心素质，是德、识、能、体的综合表现；从工会小组长自身素质的形成看，既有客观环境、外界培养教育的作用，更是主观努力的结果。所以，工会小组长的素质具有综合性特征。工会小组长自身素质的综合性特征，要求每一位工会小组长，都全面地分析自己的整体素质，根据自己的实际情况，从多方面进行自我完善，使自己成为一个合格的工会小组领导者。

2.时代性

时代性是指在不同的历史时期、不同的发展阶段对工会小组长的自身素质有不同的要求。在新的历史时代，实现中华民族伟大复兴的使命责任，维护职工合法权益、促进企事业单位改革创新发展的重任，以及新形势下基层工会工作面临的各种复杂的新情况，党对工会的要求、职工群众

对工会的期望，都对工会小组长的自身素质提出了新的更高要求。工会小组长只有具有较高的思想政治素质和知识素质，掌握在新时代从事基层工会工作的过硬本领，才能适应新形势下基层工会小组工作的需要。

3.可塑性

人的先天条件存在差别，这是客观存在的。但是良好的生理条件只是提高素质的前提和基础，工会小组长自身素质的提高，关键还在于实践中的培养和锻炼。在实际工作中，同样担任工会小组领导职务，基本条件也大体相似，但由于各自所处具体环境不同，主观努力程度也不一样，其素质提高的快慢以及工作业绩也会有很大区别。可见，工会小组长的自身素质是可塑的。所以每一位工会小组长都要在实际工作中刻苦钻研，努力实践，积极创造条件，促进自身素质的提高。

工会小组长自身素质在工会小组领导活动中具有十分重要的作用。因为工会小组长是工会小组领导活动的主导因素，工会小组领导活动首先是通过工会小组领导者去进行，而整个领导过程的效果又主要取决于领导者自身的主观条件，即素质。所以，工会小组长自身素质是承担领导责任、发挥领导作用、实现领导目标的决定因素。

（二）工会小组长培养和提高自身素质的意义

1.新时代做好工会小组工作的需要

改革的深入、开放的扩大，使基层工会工作面临许多新情况、新问题，比如经济体制由计划经济转变为市场经济，建立现代企业制度，使基层工会面临如何切实保障职工群众主人翁地位和主体地位，把全心全意依靠工人阶级指导方针在基层落到实处的问题；企业的转型升级、强调创新发展与提高核心竞争力，给基层工会工作带来的如何围绕中心调整群众生产工作，更好履行建设职能的问题；劳动关系企业化、分配方式和用工形式多元化、多样化国有企业混改给基层工会工作带来的如何协调企业劳动关系、有效地维护职工合法权益和促进企业和谐的问题，以及基层工会包括工会小组自身改革组织体制、运行机制、活动方式，以适应日益加快的企业和社会变化要求，更好地发挥基层工会和工会小组作用的问题等。要顺应这些新的形势，解决好上述复杂问题，把基层工会和工会小组工作提高到一个新的水平，大力提高工会小组长自身的素质和能力就显得至关重要了。

2.干部队伍建设的需要

新时代需要一支强有力的工会干部队伍。工会小组长虽然是兼职工会干部，但作为工会最基层组织的负责人、领导者，同样也必须加强自身建设。工会小组长要努力树立为社会主义、共产主义事业奋斗终身的崇高目标，要具有高度的政治觉悟、良好的品德和高尚的情操，要努力学习文化科学知识，包括自然科学和社会科学知识，以及自己所从事的工作的专业知识。从目前情况看，基层工会干部包括工会小组长的素质虽然有很大提高，但与形势发展的要求、所担负任务的艰巨还有一定差距，所以仍需努力。

3.履行工会基本职责和促进发展的需要

基层工会小组充分发挥工会维护基本职责和各项社会职能作用的根本目的，是要实现好、维护好、发展好班组职工群众的根本利益和具体利益，调动起班组职工群众参与改革和建设的积极性与创造性。而只有全面提高工会小组长的自身素质，才能为工会小组充分发挥工会维护基本职责和各项社会职能作用提供根本保证。

4.增强影响力、凝聚力的需要

工会小组长的自然性影响力在工会小组领导活动中有着特殊的作用，它可以使工会小组长树立起自身的威信、增强号召力，把班组职工群众团结在工会组织周围，为实现共同的目标而奋斗。工会小组长自然性影响力的强弱取决于工会小组长自身素质的高低，因此，工会小组长对此必须有充分的认识，高度重视并努力提高自身的素质。

第二节　工会小组长培养提高自身素质的重点内容

工会小组长是工会小组工作的领导者和组织者，工会小组长的素质直接关系到工会小组工作的成效。因此，工会小组长努力培养和提高自身素质，也是加强工会小组自身建设的一项重要任务。根据《中国工会章程》对工会干部的基本要求和工会小组工作的实际情况，工会小组长应当具备和需要努力培养提高的基本素质，可以概括为以下四个方面。

（一）思想道德素质

思想道德素质是对工会小组长的思想、品德、作风等方面提出的要求，是工会小组长应当具备的最核心素质和首要素质。其具体内容包括：坚定的立场、较高的政策水平、过硬的思想作风和良好的道德素养。坚定的立场，就是要站在工人阶级立场上，自觉坚持党的基本理论、基本路线、基本纲领和基本经验，努力在支持、拥护和促进改革发展中，维护职工合法权益；较高的政策水平，就是要自觉贯彻党和国家制定的路线方针政策，遵守国家法律法规，努力服从服务于党和国家工作大局与企事业单位中心工作，勇于在实际工作中开拓创新；过硬的思想作风，就是要全身心地热爱工会工作，竭诚为职工群众服务，有高度的事业心和责任感，敢于和善于为职工说话，做到代表、服务群众与教育群众相统一；良好的道德素养，就是自觉地约束自己的行为，协调好与各方面关系，廉洁自律、不谋私利、平等待人。

工会小组长培养提高思想道德素质，就是要按照上述内容和要求，把功夫下在用习近平新时代中国特色社会主义思想武装头脑、树立坚定正确的政治信念上；下在提高理论水平和运用理论观察、分析和解决实际问题上；下在增强贯彻执行党的路线方针政策的自觉性，自觉在政治上、思想上、行动上与党中央保持高度一致上；下在树立社会主义核心价值观和坚持全心全意为职工群众服务的宗旨上。

（二） 知识素质

知识素质是能力素质的基础，也是做好工会工作的基础。在数字化和智能化时代，工会小组长只有学习掌握多方面的相关知识，不断地更新自己的知识，才能从容应对时代给工会工作带来的多方面挑战，从而抓住机遇，把工会工作推向前进。工会小组长知识素质的内容主要包括：经济管理知识、法律知识，特别是劳动法律知识、现代科学文化知识和工会专业知识等。此外，工会小组还要发挥共产主义学校作用，对班组职工进行文化技术教育，组织班组职工开展文化体育活动，工会小组长抓好这项工作就需要具备人文社科知识、文艺体育知识、搞群众文化的专业知识等。

总之，作为一个称职的工会小组长，不仅要掌握马克思主义的基本原理，用先进思想武装头脑，政治上敏锐，而且还应具备与承担工作相适应的丰富知识，特别是专业知识。为此，工会小组长培养提高自身的知识素质，就要把功夫下在认真刻苦学习上，努力做一个学习型的工会干部，这样才能适应工会小组领导工作的需要。

（三） 能力素质

能力即才干，也就是指人们通常所说的做事的本领。工会小组长的能力素质就是指工会小组长作为工会小组领导者带领、组织、协调所属工会组织和成员，在一定条件下、实现一定的工会小组工作目标行为过程中所表现出来的领导才能和本领。工会小组长的能力素质是工会小组长自身素质中最具综合性和实践性的素质。综合性，就是指它是工会小组长政治、文化、心理、生理等诸多素质的综合反映和主要标志；实践性，是指它是在工会小组长个性心理特征基础上经过工会小组领导活动实践的磨炼，以其知识经验的积累和运用，在社会环境和工会工作环境影响作用下形成和发展起来的，而且能力素质也只有作用于实践才能表现出来并在实践中产生实际效果。工会小组长的能力素质是其履行职责的主观条件。

工会小组工作的内容复杂，涉及许多方面，这就需要工会小组长在实施领导过程中具备和运用多方面的能力。实际上工会小组长的能力素质本身是一个多种能力的集合，从工会小组长领导工作的实际需要看，其应当具备的基本能力如下。

1.组织指导能力

这是指为了完成工会小组任务和实现企事业单位及班组工作目标，在充分发扬民主和合理利用组织理论的前提下，工会小组长运用科学的方式和手段，调动班组职工群众积极性、智慧和创造力的能力。组织指导能力也是指工会小组长解决各方面矛盾，使所属职工为企事业单位发展密切配合，统一行动的能力。

组织指导能力是工会小组长宣传、组织、教育班组职工群众投身企事业单位改革发展的重要保证。无论是参与民主管理、开展劳动和技能竞赛与经济技术创新，还是进行文化技术培训、开展各种文体活动都需要有较强的组织指导才能，它都是工会小组长必备的基本功。

2.协调能力

协调即协商、调整与调节，也指配合得当、步调一致。协调是工会小组长领导行为过程中的一个重要环节，是工会小组长通过协商与调节，使工会小组各项工作相互配合、同心协力、团结协作，使矛盾各方实现某种平衡，进而达到和谐一致的理想境界的行为过程。工会小组长的协调能力就是指在这一过程中表现出来的才干和本领。协调是工会小组长领导工作中的主要内容。工会小组领导工作是由诸多要素组成的组织系统，在实现目标过程中，必须保持系统内部各要素之间、各阶段与环节之间以及系统与环节之间的平衡与和谐，使系统具有一定的稳定性。同时工会小组领导工作又是在一定的社会环境中进行，因此，工会小组领导工作又要努力保持工会小组外部关系的和谐与平衡。总之，协调工会小组内外部关系，都要求工会小组长必须具有较强的协调能力，做好各方面的协调工作。

3.教育激励能力

激励是指激发人的动机的心理过程。通过激励，研究和满足人们生理的、心理的需要，从而调动人的积极性，使其对完成目标保持高度积极性。教育激励能力就是指工会小组长通过必要手段调动班组职工群众的积极性、主动性和创造性，充分激发班组职工群众中蕴藏的智慧，并使其得以发挥的一种管理本领。激励侧重于激发人们的"内在动力"来调动积极性。人们努力工作，就要靠能力和动力，有能力而发挥不出来，往往是因为"用非所长"，因此要考虑为他安排合适的工作岗位，以使他适得其所；有能力而不发挥，则是因为缺乏激励，没有动力，这就要求工会小组长考虑如何采取激励措施，激发他们工作积极性。总之，运用有效的教育激励手段来调动职工群众的积极性，以实现最高的工作效能，是工会小组长工作能力的一个重要方面。特别是工会小组长生活在班组职工群众中间，如何在动员、组织群众的基础上，做好教育激励群众的工作，使广大群众的积极性、智慧和创造力得到最大限度的发挥，以便更好地实现工会小组工作目标、计划和任务，显得十分重要。

4.参与能力

这是指工会小组长发挥工会职工群众参政议政民主渠道作用，代表和组织班组职工参与班组乃至企事业单位民主管理的能力。工会小组长的参与能力具有两个层次的主要内容：一是要使工会小组成为班组职工群众有组织、有秩序、有领导地参政议政的民主渠道的能力；二是要担负起组织班组日常民主管理工作的能力。

参与能力是工会小组长必备的素质能力之一，也是工会小组长履行参与职责的主观条件。工会小组长只有不断增强参与能力，做好参与工作，才能切实落实班组职工群众的民主权利，更好地代表和维护班组职工群众的合法权益。

5.维权能力

维权能力是工会小组长履行工会维护职工合法权益基本职责必备的核心能力。维权能力是指工会小组长维护班组职工群众、工会组织，以及自身合法权益的能力。工会小组长维权能力内容丰富，包括维护班组职工群众经济利益的能力、维护班组职工群众政治利益的能力、维护班组职工群众文化利益的能力、维护班组职工群众社会利益的能力，以及维护工会组织、工会积极分子和工会小组长自身利益的能力等。

工会小组长提高维权能力，有利于维护班组职工合法权益，协调稳定劳动关系，有利于调动、激发班组职工群众的生产工作积极性，密切党政与班组职工群众的联系，也有利于维护工会组织、工会积极分子和工会小组长自身的合法权益。

6.执行能力

这既是指工会小组长领导、组织、实施工会小组工作的主观条件，也是指工会小组长能够创造性地把党的路线方针政策，特别是工运路线方针政策以及上级工会的工作部署同本小组实际结合起来，引导、组织工会小组骨干、积极分子和班组职工群众实现工会小组工作预定目标的本领。执行能力从本质上看是一种工作实践能力，也是改造客观世界的能力。

工会小组长执行能力是工会小组长素质的综合反映，工会小组长不仅是决策者或参与决策者，而且是率领职工群众去实施决策、实现预定工作目标的组织者、指挥者。工会小组长只有不断提高执行能力，在正确的理论和路线方针政策指导下，用娴熟的工作方法与艺术及时解决决策实施过程中出现的问题，才能使所属组织和骨干、积极分子朝着决策目标形成合力，并有步骤地组织班组职工群众实现目标。

除上述六种基本能力外，为适应工会小组工作多样化的需要，工会小组长还应注意提高自己的传播能力、协商对话能力、社交能力、运用法律政策能力、做思想政治工作能力，并应有一定的文字宣传和口头表达能力，做到能说、会写和遇事善思考。

（四）身心体力素质

这一素质是对工会小组长身体条件、心理条件提出的基本要求。身体素质是基础，只有有了健康的身体，工会小组长才能保持旺盛的精力，使自己处于最佳的工作状态；心理素质是实现领导目标、提高领导绩效的重要条件。工会小组长应特别注意三个方面的心理素质锻炼。一是自制力的锻炼。自制力是工会小组长控制自己的情绪和支配自己行动的能力。二是性格品质的锻炼。工会小组长作为工会小组活动的组织者、指挥者，应具备的基本性格品质包括：宽容大度，最大限度地团结一切能够团结的人；乐观豁达，不为区区小事灰心丧气；谦虚谨慎，虚心向他人学习；有自信心，无自卑感。三是智力的锻炼。工会小组长要注意培养自己敏锐的观察力、稳定的注意力、牢固的记忆力、丰富的想象力。

总之，良好的身心体力素质是工会小组长从事工会小组领导工作所必备的身体条件和心理条件，也是形成和提高其他素质的基础和前提。工会小组工作面广、量大，且纷繁复杂，没有一个健康的体魄很难适应；工会小组长要处理各种难题，协调错综复杂的关系，没有旺盛的精力无法做到；工会小组工作存在相当大的难度，工会小组长有时也会被误解，需要有良好的心态和宽广的胸怀。因此，作为领导——工会小组长就应具有比一般人更强的心理调节能力，即克服心理障碍、控制自己情绪、支配自己行为的自制力和对环境的心理适应能力。

第三节　工会小组长培养提高自身素质的方法途径

工会小组长的自身素质修养是一个发展的概念，这就是说，在内容上它是不断丰富的、水平上是不断提高的。工会小组长的自身素质只有与时俱进，才能适应新时代基层工会小组工作的要求。工会小组长培养提高自身素质需要掌握科学的方法和途径。一般来说，工会小组长培养提高自身素质一是需要自身有一定的基本素质作基础，二是取决于他所处的环境和条件。无论怎样，工会小组长都应当积极发挥主观能动性，努力学习，勤于实践，不断总结工会小组领导工作经验，自觉接受职工群众监督，尽快提高自身的素质和修养。

（一）工会小组长需要努力学习

贯彻落实党和国家的要求，工会小组长必须不断加强学习培训。只有不断学习，特别是对马克思主义基本理论、经济法律知识、先进管理知识、科学技术知识、工会工作知识的学习，才能提高自身的综合素质，真正发挥身先士卒的作用，干在前边，引导、教育和组织好班组职工群众为一个共同目标而奋斗。

1.学习的途径和措施

工会小组长加强学习的途径是多方面的，但其最主要、最基本的途径是通过参加强化培训和刻苦自学实现的。强化培训是工会小组长提高自身素质的有效手段之一。工会小组长通过参加有计划的强化培训，可以集中系统地学习到从事工会小组领导工作所需要掌握的各类知识。这种学习计划性、针对性、实用性强，且水平较高，具有启发性，可以收到开阔视野，拓宽思路，转变观念，交流经验，掌握方法的较好效果。刻苦自学是工会小组长培养提高自身素质最常用的方法。因为组织上的强化培训在时间、内容和参加次数上都是很有限的，一年甚至几年才能轮上一次，所以工会小组长更多的是要靠自己挤时间刻苦学习。自学成才是一些成功的工会小组长所走过的共同之路。

2.学习的方法和手段

工会小组长自学需要有正确的学习态度和科学的学习方法。在学习态度上，要提倡"三股劲"：一是钻劲，要有不畏艰难，勇于进取的精神，克服各种困难，顽强刻苦地学习，下苦功夫钻研；二是韧劲，要有恒心，有毅力，长期坚持不懈；三是挤劲，要有"钉子精神"，珍惜时间，挤时间，抓紧一点一滴的时间进行学习。在学习方法上：一是要理论联系实际，就是要从实际出发，带着问题学，同时又要善于运用所学到的知识去分析、解决实际问题，充分发挥学习的效用；二是要循序渐进，不能好高骛远，急于求成，只有稳步扎实，才能收到实效；三是要抓住重点，工会小组长要学的知识很多，但时间精力有限，因此必须抓住那些最根本，也是最急需的知识进行学习，尤其对那些世界观方法论问题的学习，对一些基本原理和立场、观点、方法的学习更要重视。总之是要通过加强学习来使工会小组长自身的素质得到培养和提高。

（二）工会小组长需要勤于实践

勤于实践是工会小组长培养提高自身素质的又一重要途径。实践出真知，实践出才能。工会小组长自身素质的培养提高，不仅靠学习，而且靠实践锻炼。通过实践锻炼，可以使工会小组长把从书本学到的理论知识同实践相结合，从而不断丰富和完善自己的知识结构；通过实践锻炼，还可以使工会小组长的身心体能素质得到提高。除此之外，通过勤于参加实践，工会小组长还会在实践中及时发现自己素质结构的不足，对缺少的及时补足，对不强的着力增强，对陈旧的及时更新，同时增加对不断培养提高自身素质的紧迫感。

工会小组长通过实践锻炼提高自身素质的方法途径很多，其中主要的有如下几个方面。

1.联系群众、联系实际，搞好调查研究

工会小组长本身就工作生活在班组生产一线职工中，因而可以更好地了解职工群众生活、工作状况，掌握职工群众的思想脉搏，倾听职工群众的呼声，搜集职工群众的意见和建议，集中职工群众的智慧。联系群众做调查研究，可以帮助工会小组长正确观察问题、分析问题和解决问题，从而提高工会小组长判断和处理问题的能力素质。

2.通过组织活动、参加会议等实践提升素质

通过参加各类会议，同各方面相关人员打交道，来培养提高自身的参与能力、协调能力、灵活应变能力和提高效率、效能的能力。

独立主持开展一些活动，如主持召开班组民主管理会等各类会议，以提高自己的组织能力、运筹能力、说服教育能力、协商对话能力和化解矛盾能力及依法维权能力等。

动员组织班组职工开展各项工会活动。如动员组织班组职工开展劳动竞赛，提合理化建议，开展健康向上的文娱体育活动，组织班组职工学习培训等，锻炼培养自己的动员组织能力、宣传教育能力、做思想政治工作能力、表扬激励能力和运用推广先进典型经验的能力等。总之，勤于工会

小组领导工作的实践，并善于在实践中发现问题、解决问题，努力促进自身素质的培养提高，是工会小组长可采用的一条有效捷径。

（三）工会小组长要善于总结实践经验

实践、认识，再实践、再认识，循环往复，以至于无穷，这是辩证唯物主义认识论所揭示的人类认识发展的总规律。总结实践经验就是人类认识链条上的重要一环。没有对实践经验的深刻总结，感性认识不可能上升到理性认识，更不能回过头来更好地指导实践。总结实践经验的目的就是找出成功的原因和失败的教训，从中认识和把握某些规律性的东西，指导人们把工作做得更好些。

工会小组长要善于不断总结实践经验，对自己一定时期的领导实践活动要注意及时综合、概括和分析，既看到自己取得的成绩和经验，又要看到存在的问题和不足，从中发现某些规律性的东西，预见其发展趋势，从而找准自己继续努力的切入点。工会小组长对自身领导工作的经验总结需要用到多种素质能力，所以其本身就是一个综合素质能力提高的过程。

工会小组长对自身领导实践活动的总结，既包括纵向的各时期、各阶段一个过程完结后的总结，也包括横向上不同工作内容的总结，从而提高驾驭工会小组领导工作的能力。工会小组长要培养提高自身素质，就必须善于总结。为此，应注意把握好以下问题。

1.明确总结的要求

总结的角度要站得高，必须从大局着眼，从小处入手，把所要总结的工作放在大形势下和基层工会工作的全局上进行观察思考，做到高屋建瓴，这样才能揭示事物的本质，把握工作的规律。总结的内容要层次高，即工会小组长总结工作不能事无巨细，眉毛胡子一把抓，而是要围绕服务大局，抓住一个时期内的重点工作，提纲挈领，纲举目张地进行总结。总结的结论要见识高，即工会小组长总结工作不能随波逐流，人云亦云，而是要以科学理论为指导，经过深入反复思考，透过现象看本质，提出独立见解，使总结的结论符合事物的本来面目，符合规律。

2.把握总结的原则

总结要有明确的目的性，对工会小组长来说，就是要通过总结来找出工作的得失，提高自身素质和能力，更好地驾驭工会小组工作。总结要把握准确性，即总结工作要实事求是，要把立场、观点、方法搞对头。只有出发点端正，方法路径正确，尊重事物的本来面目，才能使总结出来的经验经得起实践和历史的检验。总结要突出理论性，理论性主要是指在总结工作中，不要就事论事，要就事论理，把主观的感性认识上升为理性认识。理论性既是工作总结的特点，又是对工会小组长总结工作的起码要求。

3.掌握科学的总结方法

工会小组长要善于总结，就得坚持和掌握总结的辩证性和科学性。总结人人会做，但是总结的深度和关键性结论则是衡量一个人水平和素质高低的重要标志。工会小组长要通过总结工作来提高自身的素质，就必须用辩证科学的态度和方法对待总结。工会小组长要从自己领导实践的综合、概括、比较和分析中发现问题或者矛盾，进而发现和分析自己素质中不适应的因素。对待这些问题，工会小组长需要智慧和勇气。一方面要看到客观环境、外部条件的影响，另一方面则要从自己主观上查找原因，找出领导素质的不适应因素。无论是对客观环境、外部条件的认识、创造和把握，还是对主观方面的自我解剖和自我批评都有利于工会小组长培养提高自身素质。因此，注意掌握科学的总结方法，对工会小组长正确做好总结工作并达到培养提高自身素质的目的十分重要。

4.总结经验要处理好几个关系

一是正面经验和反面经验的关系。工会小组长领导工作经验包括正反两个方面，这两方面都要总结，不能只顾及正面的经验，而忽视反面的经验。正面的经验固然值得推广，但反面经验也并不是没有益处。实际上认真总结反面经验，吸取教训，对工会小组长尽快培养提高自身素质可能更有帮助。二是历史经验和现实经验的关系。工会小组长既要注意总结和继承历史经验，更要善于总结现实的新鲜经验，不然就很难了解新情况，解决新问题，思想和工作就要落在时代的后面，这是不利于工会小组长自身素质提高的。三是直接经验和间接经验的关系。直接经验是指人们亲身实践所得到的知识，间接经验主要是从书本上和别人传授中得到的知识。工会小组长应当注意直接经验的积累，但就工会小组长个人知识结构来说，大部分知识还是来自间接经验，所以总结经验应包括吸收他人成果，借鉴他人经验，那种贬低书本知识、轻视教育工作、拒绝向他人学习的观点是错误的，是不利于工会小组长培养提高自身素质的。

（四）工会小组长要自觉接受监督

实行民主参与和社会监督，是工会的重要社会职能之一，而监督者首先要自觉接受监督。工会组织的民主参与和民主监督，既有相应的法律法规、政策和制度赋予权力，同时也赋予相应的必须接受监督和制约的义务、责任。能否正确把握和处理好这两方面的关系，都涉及工会组织，特别是工会领导者的自身素质。实践表明，作为工会小组的领导者，工会小组长在领导和组织实施参与、监督和接受监督的基础上，本身通过接受监督也可以有效地提高自身各方面的素质。

1.工会小组长接受监督的内容

工会小组长自觉接受监督主要包括四方面内容，即工会小组长要自觉接受上级的检查监督、自我监督、同行监督，以及职工群众的监督。上述各个方面相互关联，缺一不可，都对工会小组长培养提高自身素质产生影响。上级的检查与监督，是上级的职责和权力，也是督促工会小组工作的需要，通过上级的检查、监督，既可以肯定成绩，又可以及时发现存在的问题和不足，尽快加以改正，使工作做得更好，同时还可以向上级学到良好的素质修养、政策水平和工作作风。自我监督是领导者素质较高的表现，在自我监督时，工会小组长要努力做到自律自省，严格要求，既自查小组领导工作中存在的问题，又查自己八小时之外如何生活和学习的问题。只有始终做到警钟长鸣、经常反省，才能永葆工会小组领导者的先进本色。接受同行监督，就是要虚心向同行学习，认真听取同行的批评意见，由此看到自己的不足，增加竞争进步的动力，以使自身的素质能够尽快地提高到一个新水平。接受职工群众的监督，这对工会小组长来说最为重要。群众的眼睛是雪亮的。工会小组长的领导能力、领导绩效如何，自身的思想理论修养、工作作风如何，给职工群众以何种印象，这些都需要职工群众来评判。

2.工会小组长如何接受群众监督

工会小组长只有在职工群众的监督评判中，才能认清自己，从而摆正位置、提高素质、做好工作。工会小组长接受职工群众的监督，主要是接受所在班组职工群众的监督。一是要向班组职工群众公开会务，增强工会小组工作的透明度，主动接受班组职工群众的参与和监督；二是要增强民主意识，主动让班组职工群众参与决策，并对决策的执行过程及其效果进行批评、检查和监督；三是要抱着向班组职工群众学习的态度，对待来自他们的批评、检查和监督，要以坦诚的心态和职工群众交朋友，做他们的贴心人。只有这样，工会小组长才能从班组职工群众中吸收营养，更加刻苦地学习和磨炼自己，克服自身素质中的不适应因素，使自己更加成熟完善起来。要做到上述三条并非易事，需要工会小组长高度重视、长期坚持并始终保持虚心学习、自我批评的精神。

第十章
工会小组长自身权益的维护

　　工会小组长自身合法权益的维护是工会小组工作中遇到的一个实际问题。高度重视并努力解决好这一问题，对于保护和调动好工会小组长的工作积极性，更好地开展工会小组工作，具有十分重要的意义。

第一节　工会小组长的自身权益

　　工会小组长自身的合法权益，是指工会小组长依法享有的不容侵犯的权利。工会小组长自身的合法权益涉及的是工会小组长的切身利益，因此，只有它受到法律的保障并得到很好的实现，工会小组长才能消除后顾之忧，踏实地做好工作。

　　工会小组长要使自身合法权益得到维护和实现，首先就要明确知道自己有哪些依法应该享有的权利。从工会小组长的法律地位和实际地位看，工会小组长具有三重身份，即工会小组长是企业和企业化管理的事业单位的劳动者、是工会会员、是工会兼职干部（基层工会所属工会小组的主要负责人）。鉴于此，工会小组长就应当依照《劳动法》《工会法》等法律的有关规定，依法享有这三重身份应当享有的全部权利。

（一）工会小组长作为劳动者的权利

　　工会小组长作为企业和企业化管理的事业单位的劳动者，依照《劳动法》的有关规定依法享有各项权利。

　　一是平等就业和选择职业的权利。就业权是劳动权的重要内容，也是实现劳动权的基础。平等的就业权是指劳动者的就业权一律平等，不因民族、种族、性别、宗教信仰不同而受到歧视。择业权与就业权相连，在市场经济条件下，劳动者享有自主择业权，劳动者通过自由流动，劳动力供求主体之间通过公平竞争、双向选择确立劳动关系。

　　二是取得劳动报酬的权利。劳动报酬是指劳动者从事各种劳动而取得的收入，是劳动者取得生活资料的主要来源。《劳动法》保障劳动者享有取得劳动报酬的权利。

　　三是休息休假的权利。休息休假权是劳动者依法享有的在法定工作时间外充分休息的权利。目前我国实行 8 小时工作日、40 小时工作周的工时制度，并规定劳动者享有公休假、法定节假日和年休假制度，这些对劳动者享有休息休假权提供了法律保障。

四是获得劳动安全卫生保护的权利。劳动安全卫生保护是保护劳动者在劳动过程中的安全与健康所采取的措施。我国《宪法》第四十二条第二款规定："国家通过各种途径，创造劳动就业条件，加强劳动保护，改善劳动条件，并在发展生产的基础上，提高劳动报酬和福利待遇。"

五是接受职业技能培训的权利。职业技能培训是指培养和提高劳动者从事各种职业所需的专业技术知识和实际操作技能的一种培训制度。国家通过各种途径、采取各种措施，发展职业培训事业，开发劳动者职业技能，全面提高劳动者的思想和业务素质，改善劳动力结构，促进劳动力充分就业。在新的历史时期，国家强调劳动者的终身培训，为劳动者的培训提供了强有力的政策支持与保障。

六是享受社会保险和福利的权利。社会保险是劳动者在暂时或永久丧失劳动能力或者失业时，从国家和社会获得物质帮助的权利。我国《宪法》第四十五条第一款规定："中华人民共和国公民在年老、疾病或者丧失劳动能力的情况下，有从国家和社会获得物质帮助的权利。"

七是提请劳动争议处理的权利。劳动争议是指劳动关系当事人双方因劳动权利和劳动义务发生分歧而引起的争议。当劳动者与用人单位发生劳动争议时，当事人可以向企业劳动争议调解委员会申请调解，也可以向劳动争议仲裁委员会申请仲裁，对仲裁裁决不服的，可以向人民法院起诉。

上述工会小组长作为劳动者所应当依法享有的劳动权利，不能因其依法履行工会小组长职责、从事工会小组活动而受到侵害。除基本劳动权利外，工会小组长基于劳动权利而产生的各项政治权利、文化权利和社会权利也同样依法受到保护。

（二）工会小组长作为工会会员的权利

工会小组长作为工会会员，依照《工会法》和《中国工会章程》的有关规定，依法享有的各项会员权利包括以下六条。

一是选举权、被选举权和表决权。这是工会会员最基本也是最重要的权利，因为它是工会会员权利的一个重要标志。会员的选举权，就是指会员有选举工会代表大会代表和工会组织领导人及工作人员的权利。被选举权就是凡工会会员都可以当选为会员代表和各级工会组织领导职务的权利。工会实行民主集中制的组织原则，各级工会领导机构及其领导人员都应由民主选举产生。

二是监督权和罢免权。会员有批评工会的任何组织和任何工作人员，要求撤换或罢免工会工作人员，对工会工作进行监督的权利。任何工会组织和它的领导干部，都是由会员选举出来作为自己的代表者，为大家说话办事的。如果他们不尽职尽责、懈怠工作、不代表大多数会员群众说话，会员有权提出批评。对于少数违法乱纪或有严重失职行为、已完全失去会员信任和拥护的工会干部，每个会员都可以提出撤换或罢免建议，要求选举单位依据事实，集体作出决定。

三是批评建议权。会员有对国家和社会生活问题提出批评与建议，要求工会组织向有关方面如实反映的权利。参与对国家和社会事务的管理、参与对经济和文化事业的管理，是我国工会法赋予工会组织的权利。会员通过工会组织反映自己对国家和社会问题的意见，是一种参与管理行之有效的途径、形式和渠道。工会组织和工会领导干部应尽力保持这一渠道的畅通，如果出现阻塞，那就是失职，对这种失职行为，任何工会会员都有权提出批评意见。

四是要求保护权。在自身的合法权益受到侵犯时，会员有要求工会给予保护的权利，而工会则有责任反映会员的呼声和要求，向一切侵犯会员合法权益的人和事作斗争，维护职工群众的合法权益。这项权利体现了工会是广大会员和职工群众利益的代表者。

五是享受优惠待遇权。会员有享受工会提供的文化、教育、体育、旅游、疗休养、互助保障、生活救助、法律服务、就业服务等的优惠待遇，享受工会给予的各种奖励的权利。除了工会组织的正常的民主生活等活动外，工会还开展读书、知识竞赛、文艺演出、体育比赛、运动会等丰富的活动。工会举办的事业有俱乐部、文化宫、游艺室、图书馆（室）、阅览室、电影院、体育馆（场）、疗养院、职工学校等，每个会员都有权利参加这些单位的活动，并享受这些事业单位规定的会员优先优惠的待遇。

六是参加讨论权。在工会会议和工会媒体上，每个会员都有参加关于工会工作和职工关心问题的讨论的权利，尤其是在工会会员大会上，会员对工会组织的决议、决定进行表决时，可以行使表决权，表示自己赞成或者反对的意见，任何人不得干涉。

对于上述这些会员权利，工会小组长作为工会会员同样享有，并应受到保障和得到充分实现。

（三）工会小组长作为兼职工会干部的权利

工会小组长作为基层工会所属工会小组兼职干部（基层工会所属工会小组主要负责人），依照《工会法》的有关规定享受的待遇包括：全民所有制和集体所有制企业与企业化管理的事业单位基层工会小组长作为不脱产的工会干部，因从事工会活动占用生产或者工作时间，其工资照发，其他待遇不受影响。这就是说，当不脱产的工会小组长不得不占用生产工作时间参加基层工会、分工会组织的会议或活动，以及参加或组织工会小组活动时，为了调动其从事工会工作的积极性，要保证他们的劳动报酬不受到损失。

第二节 工会小组长权益被侵害的现象与法律保护

（一）工会小组长自身权益被侵害的现象

建立健全和完善工会小组长的自身权益保护机制，既是党对基层工会干部的关怀，也是基层工会小组和小组长履职履责、做好工作的客观需要，同时也反映了广大工会小组长的迫切愿望和要求。应该看到，随着改革的深入、开放的扩大、市场经济的发展，劳动关系企业化、复杂化，劳动关系矛盾引发的劳动争议时有发生。由此进一步加大、加重了基层工会小组的维权任务和维权责任，使其作为班组职工合法权益代表者、维护者而处于协调劳动关系矛盾的前沿。个别基层工会小组长因为帮职工说话办事、维护职工合法权益而受到打击报复，从而导致职工权益没法很好维护，连自身权益也受到侵害。这些情况，不仅极大地影响了广大工会小组长的积极性，而且也影响了基层工会干部队伍的稳定，这种状况如不改变，将严重干扰工会小组工作的开展和工会作用的发挥，最终损及职工群众的利益、企事业单位发展和党同基层职工群众的联系。因此，尽快建立健全和完善工会小组长自身合法权益的保护机制就成为一个突出重要的紧迫问题。

（二）法律对工会专兼职干部权益的保护

要想更好地保障基层工会小组长履行好维护职工合法权益的基本职责，使他们能够大胆工作，就必须从法律上作出明确规定。我国《工会法》关于保护基层工会干部合法权益的有关规定同样适用于工会小组长。

1.保障兼职工会干部从事工会工作的时间

《工会法》第四十一条第二款规定："基层工会的非专职委员占用生产或者工作时间参加会议或者从事工会工作，每月不超过三个工作日，其工资照发，其他待遇不受影响。"这条规定在一定意义上讲可以解决作为兼职的工会小组长占用生产（工作）时间从事工会活动的问题，保证了兼职的工会小组长的工资和福利待遇不因占用生产（工作）时间而受到影响。

2.保障兼职工会干部的劳动权等合法权益

兼职工会干部为了维护职工合法权益，而自身权益却难以得到保障的现象在一定程度上的确存在，在保障工会维护职工合法权益的同时，也迫切需要保护兼职工会干部的合法权益。《工会法》第十九条规定："非专职主席、副主席或者委员自任职之日起，其尚未履行的劳动合同期限短于任期的，劳动合同期限自动延长至任期期满。但是，任职期间个人严重过失或者达到法定退休年龄的除外。"这样的规定，可以有效地避免一些企业通过解除或终止兼职工会主席、副主席和委员劳动合同的方式对兼职工会主席、副主席、委员进行打击报复的情况。笔者认为，对同属兼职工会干部的工会小组长的保护也应适用于这一规定。

3.保护兼职工会干部免受侵害

《工会法》第五十二条对依法履行职责的专兼职工会干部都作出了保护性规定，对"无正当理由调动工作岗位，进行打击报复的"以及"进行侮辱、诽谤或者进行人身伤害，构成犯罪的"分别作出了行政和司法处罚规定。各级工会领导机关要运用法律武器保护基层专兼职工会干部，使基层工会小组长能够大胆工作。

除上述规定外，基层工会小组长如因履行职责受到不公正待遇，上级工会要坚决维护其合法权益。

建立健全和完善基层工会小组长自身合法权益的保护机制是一个长期的过程，我们只是刚刚取得了一些经验，还需继续探索，尤其是要探索改变非公有制企业工会小组长受劳资关系制约难以维权状况的有效办法和途径，这是对建立健全和完善基层工会小组长自身合法权益保护机制的进一步强调和有力推进。

第三节　工会小组长维护自身权益的途径方法

工会小组长明确了自身的合法权益和保护机制后，当因履责自身权益受到侵害时，要提高自我维权能力，进行自我维权。

（一）打铁必须自身硬

"我维护职工的利益，谁来维护我的利益？"这是工会小组长在履行职责、维护职工合法权益时经常遇到的困惑。其实工会小组长自身权益的维护，固然要靠党政和上级工会的理解与支持，靠健全有效的维权机制，但更重要的是工会小组长自身也要具备并不断提高自我维护的能力。

自我维护能力是指工会小组长在履行职责、从事工会工作过程中，特别是在维护职工合法权益过程中，当自身合法权益受到侵害时，能运用多种手段、通过多种途径抵制侵害、实施自我保护的本领。它是工会小组长综合素质的体现。工会小组长自我维护能力属于工会小组长自我保护管理范畴，其最主要特征就是以工会小组长自身的能力照管自己，维护自己的合法权益免受侵害。工会小组长的合法权益包括许多方面，如民事权利、劳动权利、婚姻家庭权利、诉讼权利等，而与之最密切的则是与劳动权利相关的权益。我国《工会法》为确保工会活动的顺利开展，在规定了工会享有权利和履行义务的同时，也规定了对工会工作者的保障。而工会小组长自我维护能力的根本功能和作用就是要保障《劳动法》《工会法》规定的基层工会小组长基本权利、权益的实现和不被侵害。

自我维护能力是工会小组长必须具备的最基本能力之一，在新形势下，工会小组长努力提升这一能力，具有重要的现实意义。

1.有利于工会小组长有效抵制对自身合法权益的侵害

工会小组长是工会小组工作的领导者，在自身和代表工会小组履行职责时，为完成工会任务和维护职工的合法权益，必须与班组乃至企事业单位行政就各种争议或者矛盾进行交涉协商。尤其是在企事业单位出现克扣职工工资、不提供劳动安全卫生条件、随意延长劳动时间等严重侵犯职工劳动权益的情况时，工会小组长更有责任代表班组职工与班组乃至企事业单位行政进行交涉，要求其采取措施予以纠正。而在这个过程中，工会小组长就处在矛盾的焦点上，有可能遭受企业的不公正待遇。如以各种理由解除为职工维权的基层工会小组长的劳动合同，或者将其调离原工作岗位、降低其工资待遇，还有的在工会小组长劳动合同到期后以种种借口不续签合同等。在这种情况下，工会小组长只有具备较强的自我维护能力，善于运用法律政策和其他有效手段，并争取上级工会的支持，才能强有力地保护自身合法权益不受侵害。

2.有利于工会小组长家庭生活的稳定幸福

工会小组长在家庭中一般都是核心成员，许多同志是上有父母、下有子女，同时扮演着多种角色，可谓家庭中的顶梁柱。假如因维护职工合法权益受到打击报复不能正常工作及致劳动权益受侵害，不仅会给工会小组长本身带来不愉快和精神物质损失，而且必定使其家庭受到影响。所以，为了家庭生活的稳定幸福，工会小组长也要不断增强自我维护能力。

3.有利于增强工会的地位

工会小组长是工会小组工作的领导者，其一言一行都对工会小组内部和外部产生影响。假如工会小组长因为职工维权遭受打击报复而又无力抵制的话，这必定会影响其他工会工作者的维权信心，也会影响到工会在职工群众中的威信，同时还会造成社会对工会的轻视，总之对工会的地位和威信十分不利，影响到工会工作的开展。

所以，打铁必须自身硬这是一个十分重要的前提条件。工会小组长只有通过不断提高自我维护能力，才能在捍卫自身合法权益的同时，捍卫工会组织的权利，在工会内外和职工群众中赢得信任和尊敬，从而提高工会地位。

（二）工会小组长依法维护自身权益

提高工会小组长自我维护能力的关键是依法，即懂法、守法、用法，善于运用法律武器维护工会小组长自身的合法权益。其遵循的原则如下。

1.法律面前人人平等

这一原则通常是指把法律作为同一尺度适用于全体公民，使全体公民平等地享有权利和义务，不因民族、种族、性别、职业、受教育程度、宗教信仰和财产状况等差别而有所不同。我国《宪法》明确规定中华人民共和国公民在法律面前一律平等，任何组织或个人都不得有超越《宪法》和法律的特权。这就是说，按照这一要求及国家规定，工会小组长作为工会小组领导者首先要守法，做守法的模范，但在自身和工会组织合法权益受到侵害时，同样有权利依法自我维护。

2.合法

合法原则是指工会小组长的领导活动必须依法而行，使每一次行为都符合法律规定，不得损害国家、集体和他人的权利和利益。合法原则既包括符合国家实体法的规定，也包括符合国家程序法的规定。如果行为不合法，则从行为开始时就不受国家法律的保护，由此产生的一切后果只能自负。因此，工会小组长只有坚持合法原则，才能实现运用法律保护自己和工会组织合法权益的目的。

3.相互配合

这一原则是指工会小组长在依法维护自身合法权益时，在工会内部要依靠工会组织的力量，领导、工会法律工作部门应相互支持、相互协作。在工会外部则应主动争取上级党政和有关法律部门的支持。工会小组长搞好相互配合，就能形成强大的维权力量。

工会小组长提高自我维护能力，主要通过以下途径。

第一，要增强自我保护意识。在现实中，企业工会组织被撤并的事时有发生，工会小组长在任职期内也有被罢免、随意调动的事，更有人因维护职工合法权益而遭打击报复。究其原因，除了企业行政领导法治意识淡薄以及体制机制不完善等因素外，一些工会小组长缺乏依法自我保护意识和依法自我维护能力，也是这类现象发生的一个重要原因。为此，随着国家和工会法治化建设的加强，工会小组长也要不断增强依法自我维护能力，这不仅是工会小组长个人的权益问题，也是关系到整个工会组织和职工权益的大问题。如果工会小组长对违反《工会法》、侵犯自身和工会权益的事不敢吭声，不敢依法自我维护，那就等于是对违法行为的纵容。

第二，要加强学习市场经济的法律法规。工会小组长的自我维护是依法维护，依法维护首先是依法，依法就要学法、懂法。市场经济是法治经济，随着市场经济的发展、依法治国方略的实施，国家立法也将随之完备和完善。工会小组长的自我维护行为也必须依法而行，否则不可能成功。因此，工会小组长要加强对市场经济法律法规的学习，不仅要学好《宪法》《工会法》，而且要学好《劳动法》《公司法》《劳动合同法》《社会保险法》等一系列劳动、经济方面的法律法规，唯有如此，工会小组长才能精通和掌握自我维权的法律武器，才能获得自我维护的成功。

第三，借助法律工作者的帮助来提高自己的用法力度。学法的目的在于应用，而法律本身专业性很强，工会小组长不可能对纷繁复杂的法律做到完全运用自如，也无此精力全面系统地掌握法律，因此，需要借助有专业法律知识和丰富实践经验的法律工作者的帮助。这不仅会使工会小组长的领导工作更科学、更合法，而且一旦发生工会小组长自身合法权益被侵害的情况，也可依法力争，更有力、更有效地维护自身权益。

第四，向实践学习。通过不断用法，不断总结经验，提高用法艺术，增强依法自我维护能力。相当一部分工会小组长不用或还不习惯用法律来保护自己的合法权益。因此，光有用法认识上的飞跃，而没有用法实践上的突破，工会小组长仍不能提高自我维护的能力。为此，只有在实践中勤于学法，不断用法，在不断探索中找出最佳用法经验，才能使自己的用法能力得以提高。

第十一章
工会小组长应当具备的有关法律知识

　　当前，工会小组工作面临着许多新情况、新问题，要做好这一背景下的工会小组工作，工会小组长就必须认真学习和掌握有关的法律知识。

第一节 工会法律知识

（一） 工会法

工会法是调整工会与国家、用人单位以及职工和会员关系的法律规范的总称，也就是说，工会法有自己特定的调整对象，它调整的是工会与国家、工会与用人单位、工会与职工及会员的关系。同时，工会法又不是单指狭义的《工会法》，而是还包括其他涉及工会的法律、法规和规章等。

（二） 工会法的法律构成

主要包括《宪法》《工会法》和有关涉及劳动关系和经济关系的其他法律，如《劳动法》《劳动合同法》《企业法》《公司法》等，各地方立法机构及其国家行政部门颁布的法律和规章，以及我国批准生效的国际劳工公约等。其中《宪法》是工会法立法的基本依据，也是工会活动的根本准则，《工会法》是工会法的最基本部分，上述内容共同构成了我国工会法的完整体系。

（三） 工会法的调整对象在法律上表现出来的权利义务关系即构成工会法律关系

工会法法律关系的主体是依照工会法享受权利、承担义务的当事人。主体既可以是法人，也可以是自然人。在工会法法律关系中可以作为法律关系主体的有工会、用人单位以及经营者代表组织、政府、会员和职工以及其他社会组织和个人。工会法法律关系的内容是工会法的法律关系主体享有的权利和承担的义务。在工会法法律关系中，任何一方主体都既享有权利也承担义务。

（四）工会的权利和义务是统一的

工会在享有一定权利的同时，也必须承担一定的义务。工会的权利一般包括：代表职工合法权益的权利；依法维护职工合法权益的权利；代表职工参与国家和社会事务管理以及参与企业管理的权利；对国家行政机关和用人单位行政在执行国家劳动法律、法规和相关政策上的监督权利；代表职工与企业一方就劳动报酬、工作时间、休息休假、劳动安全卫生和社会保险福利等事项进行协商谈判、签订集体合同的权利；等等。工会的义务一般包括：维护国家政权，支持协助企事业单位行政工作；动员和组织职工参加社会主义经济建设；教育职工，提高职工素质；等等。

（五）工会会员的权利和义务

《中国工会章程》第三条规定，会员享有以下权利。

（1）选举权、被选举权和表决权。

（2）对工会工作进行监督，提出意见和建议，要求撤换或者罢免不称职的工会工作人员。

（3）对国家和社会生活问题及本单位工作提出批评与建议，要求工会组织向有关方面如实反映。

（4）在合法权益受到侵犯时，要求工会给予保护。

（5）享受工会提供的文化、教育、体育、旅游、疗休养、互助保障、生活救助、法律服务、就业服务等优惠待遇；享受工会给予的各种奖励。

（6）在工会会议和工会媒体上，参加关于工会工作和职工关心问题的讨论。

《中国工会章程》第四条规定，会员履行下列义务。

（1）认真学习贯彻习近平新时代中国特色社会主义思想，学习政治、经济、文化、法律、科技和工会基本知识等。

（2）积极参加民主管理，努力完成生产和工作任务，立足本职岗位建功立业。

（3）遵守宪法和法律，践行社会主义核心价值观，弘扬中华民族传统美德，恪守社会公德、职业道德、家庭美德、个人品德，遵守劳动纪律。

（4）正确处理国家、集体、个人三者利益关系，向危害国家、社会利益的行为作斗争。

（5）维护中国工人阶级和工会组织的团结统一，发扬阶级友爱，搞好互助互济。

（6）遵守工会章程，执行工会决议，参加工会活动，按月交纳会费。

（六）工会经费的来源

《工会法》规定，工会经费的来源主要是工会会员缴纳的会费；建立工会组织的用人单位按每月全部职工工资总额的2%向工会拨缴的经费；工会所属的企业、事业单位上缴的收入；人民政府的补助及其他收入。工会财产的来源，主要是由政府和企事业单位行政直接拨给和工会经费购置。工会经费主要是用于为职工服务和工会活动，如工会活动费用的支出、工会培训费用的支出、职工福利与生活的补助费用以及公益事业的支出和其他项目的开支。

工会应当根据经费独立原则，建立预算、决算和经费审查监督制度。工会的财务管理体制实行"统一领导，分级管理"的原则。工会经费和财产是工会开展活动和举办各种为职工服务事业的物质基础，保护工会经费和财产不受侵害，是工会顺利开展活动的前提。《工会法》规定，企业、事业单位、社会组织无正当理由拖延或者拒不拨缴工会经费，基层工会或者上级工会可以向当地人民法院申请支付令；拒不执行支付令的，工会可以依法申请人民法院强制执行。工会的财产、经费和国家拨给工会使用的不动产，任何组织和个人不得侵占、挪用和任意调拨。工会所属的为职工服务的企业、事业单位，其隶属关系不得随意改变。

（七）违反工会法要承担相应的法律责任

我国《工会法》作出明确规定，工会对违反《工会法》规定侵犯其合法权益的，有权提请人民政府或者有关部门予以处理，也可以向人民法院提起诉讼。违反工会法的法律责任包括行政责任、民事责任、刑事责任三类。

行政责任是指违法行为人应该承担的行政法上的法律后果，它可以分为行政处罚和行政处分两类。行政处罚是指国家行政机关的职能部门根据授权，对违法行为人采取行政强制措施。行政处分是指某个单位对其所属人员采取的行政惩戒措施。对违反工会法的行政处罚和行政处分，一般由社会保障部门或县以上人民政府做出具体措施，通常为责令改正、警告、罚款、降职、撤职等。

民事责任是指违法行为人给他人造成损害时应承担的赔偿责任。违反工会法的民事责任是指工会、用人单位、其他组织和个人因违反工会法给他人造成损失应承担的赔偿责任，如返还财产、赔礼道歉、赔偿损失等。违反工会法的民事责任，主要针对侵犯工会财产权或工会其他权益的违法行为在追究违法者行政责任和刑事责任的同时，涉及所造成的损失应追究的赔偿责任。

刑事责任是指违法行为人的行为构成犯罪时应承担的刑罚。违反工会法的刑事责任是指用人单位的负责人以及其他人员的行为违反工会法同时也触犯刑法的，所追究的刑事责任。包括拘役、判刑等。根据《工会法》的有关规定，以暴力、威胁等手段阻挠职工依法参加和组织工会或者阻挠上级工会帮助、指导职工筹建工会，造成严重后果，构成犯罪的；对依法履行职责的工会工作人员进行侮辱、诽谤或者进行人身伤害等行为构成犯罪的，依法追究刑事责任。

第二节　劳动法律知识

（一）劳动法的概念与构成

1.劳动法

我们这里讲的劳动法是广义劳动法，而不是单指《中华人民共和国劳动法》。劳动法作为法律体系中的一个重要和独立的法律部门，有自己特定的调整对象，一是劳动关系，二是与劳动关系有密切联系的其他社会关系。

劳动关系从一般意义上讲是指劳动者与用人单位以及双方代表组织之间彼此结成的社会关系。与劳动关系有密切联系的其他社会关系包括：劳动力管理方面的关系；劳动力配置服务方面的关系；社会保险方面的关系；工会活动方面的关系；监督劳动法律执行方面的关系；处理劳动争议方面的关系等。劳动关系是劳动法调整的最基本也是最主要的对象。

2.劳动法的构成

主要包括《宪法》《劳动法》《劳动合同法》；国务院根据《宪法》和劳动法律的规定而颁布制定的劳动行政法规；根据《宪法》规定，有权制定地方性法规的地方人民代表大会及常务委员会制定的有关劳动关系的法规；国务院各部委特别是人力资源和社会保障部制定的有关劳动关系的规范性文件以及省、自治区、直辖市人民政府和省、自治区人民政府所在地的市和国务院批准的较大市的人民政府制定的有关劳动关系的规范性文件；我国政府批准生效的国际劳工组织通过的国际劳工公约；工会制定的经政府认可或与国务院部委联合发布的有关劳动问题的规范性文件等。在上述构成中，《宪法》中有关劳动问题的规定是劳动法的立法基础和基本依据。《劳动法》及其相关配套法律是劳动法的最基本也是最核心的内容，其他有关劳动行政法规、规章等也都是调整劳动关系的重要依据。

（二）劳动法律关系的主体与客体

1.劳动法律关系的主体

根据劳动法的规定，劳动法律关系的主体主要是指享有权利和承担义务的劳动法律关系的参与者，包括劳动者和用人单位以及双方的代表组织。劳动者应当是具有劳动权利能力和劳动行为能力的中国公民和外国公民。用人单位包括：各类企业及个体经济组织、事业、机关、社会团体等。

劳动法律关系的内容是指，劳动关系主体享有的权利和承担的义务。劳动法律关系主体在享有权利的同时，又承担相应的义务，权利和义务是统一的。

我国劳动法规定的劳动者的权利主要有：劳动权、民主管理权、休息权、获得劳动报酬权、劳动保护权、职业培训和业务进修权、物质帮助权等。

劳动者的义务主要有：按照规定的数量和质量完成生产工作任务、遵守劳动纪律和用人单位各项规章制度、学习科学文化和技术业务知识、保守企业商业秘密、遵守各项劳动法律法规等。

依照法律规定，用人单位的权利主要有：决定录用、调动和解除与职工劳动关系的权利；用人单位机构设置的决定权；用人单位管理人员的任用、聘任权及解聘权；工资、资金分配的提出权；对职工依法奖惩权；等等。

用人单位的义务主要有：依法考核录用和招聘职工；合理组织生产；保障职工代表大会和工会行使其职权；支付职工劳动报酬；不断改善劳动条件；等等。

2.劳动法律关系的客体

劳动法律关系的客体是劳动法律关系主体的权利义务所指向的对象，在多数情况下，劳动法律关系的客体是指行为，有时则表现为行为和物的结合。

（三）劳动法的主要内容

1.促进就业

促进就业是一项重要的劳动法律制度。我国劳动法律法规及相关政策在促进就业方面，一贯坚持平等就业、双向选择、竞争上岗、照顾特殊群体人员就业以及禁止未满16周岁的未成年人就业的原则。我国劳动就业的方针是国家政策扶持，用人单位提供岗位，劳动者自主择业。

2.劳动合同与集体合同

劳动合同是劳动者与用人单位确立劳动关系，明确双方权利义务签订的协议。劳动合同不仅是建立劳动关系的法律依据，而且是吸引和组织劳动者参加经济建设的法律形式。我国《劳动合同法》的颁布实施，进一步建立健全和完善了劳动合同法律制度。集体合同是工会或职工代表代表职工与企业就有关劳动报酬、工作时间、休息休假、劳动安全卫生、职工福利与保险等事项经平等协商一致签订的书面协议。集体合同制度是市场经济条件下调整劳动关系的一项重要法律制度，它有利于在更高层面上、较大范围内维护职工合法权益。

3.劳动工资与工时制度

工资是用人单位按照劳动者提供劳动的数量和质量，以货币形式支付的劳动报酬。我国工资立法确定的企业工资制度改革的目标是：市场机制决定，企业自主分配，职工民主参与，政府监督调控。企业工资水平的调整，将主要通过行业或企业的平等协商谈判来确定。同时国家还实行最低工资保障制度，并对工资支付、法律保障与监督作出规定。我国工作时间的种类包括标准工作时间、计件工作时间、综合计算工作时间和不定时工作时间。工时立法的意义在于：确保生产任务和工作任务的完成，增加和丰富社会财富，确定劳动时间的最长限度，保障劳动者健康和休息权的实现。

4.社会保险

社会保险是国家通过立法强制征集专门资金用于保障劳动者在丧失劳

动能力或劳动机会时基本生活需求的一种物质帮助制度。社会保险的内容包括养老、医疗、工伤、失业、生育五个险种。社会保险制度以维护最低生活、强制缴纳、权利义务对等和实行社会化管理为原则。

5.劳动争议处理与劳动法律监督

现阶段，我国通过立法已初步建立起劳动争议处理体制，即自主协商、自愿调解、强制仲裁和司法最终裁决的体制。工会作为劳动者权益的代表者和维护者，发挥着重要作用。劳动法律监督是我国整个法律监督体系的一个组成部分，其监督主体包括：社会保障行政部门、政府有关部门、工会、司法机关。其中工会作为劳动者合法权益的代表者和维护者，有权对劳动合同的签订和履行进行监督，有权对延长工作时间进行监督，有权对用人单位遵守劳动法律、法规的情况进行监督。

劳动法律制度的建立、健全和完善，有利于维护劳动者合法权益，调动劳动者的生产积极性，合理组织社会劳动，提高劳动生产率，规范劳动力市场，完善市场运行的法律保障体系，维护、发展和稳定和谐的劳动关系，促进社会的安定。

第十二章

工会小组长应当具备的应用文写作知识

工会小组长在工作中要经常进行应用文，如通知、请示、计划等的写作。应用文都有其固定或惯用的格式，掌握这些应用文写作知识，对于工会小组长强化自身管理，提高自身效率，使工作规范化、科学化具有重要意义。本章选择工会小组长经常用到的应用文知识，分节进行介绍。

第一节　通知

通知是一种传达性、指示性和部署性的公文，它在工会组织的活动中起承接上下、联系内外的多方面的作用。它可以用于传达上级工会的指示，可以用于要求下级工会办理某一事项，可以用于告知下级工会需要知道的事项，也可以用于批转下级工会的公文，还可以转发上级工会、同级党政机关和不相隶属机关的公文。总之，通知具有功能多样性的特点，其使用范围广泛、频率高，种类也繁多。如按性质划分有指示性通知、发布性通知、告知性通知、会议通知、转发批转通知、任免聘用通知等。

写通知必须把握其结构，按照结构行文。首先是写好标题和上款。通知的标题由发文机关、事由、文种组成，在写作上可根据需要采用完全式或省略式标题。如省略发文机关或省略事由，或发文机关、事由都省，只写文种，即《通知》。标题一般应在正文上端正中处。上款有受文单位的要写受文单位，被通知是个人的，写个人姓名；通知范围大的，也可不写上款。上款应列于标题左下方顶格处。其次是写好正文。正文一般分三部分，即开头、主体、结尾。开头写发通知的原因、依据和目的；主体写通知事项，内容多的可采用条款式；结尾写要求、希望等，也可不写结尾，因文而异。主体部分是行文重点，不同类型的通知主体行文各有侧重。最后是落款，落款写发文机关，发文日期。

现将几种常见的通知举例如下。

例文一：会议通知

通　知

各车间工会：

经研究，定于×月×日下午×时，在厂工会办公室召开各车间工会主席会议，研究如何开展经济技术创新工程问题，请按时参加。

厂工会

××××年×月×日

例文二：一般性通知

关于成立总厂劳动竞赛委员会的通知

各分厂、各分工会：

为了加强对总厂劳动竞赛工作的领导，经总厂厂长办公会议研究同意，成立总厂劳动竞赛委员会，由××同志任主任，××同志任副主任，××、××、××、××四位同志为成员。劳动竞赛委员下设办公室，地点设在总厂工会。

总厂办公室　总厂工会

××××年×月×日

例文三：任免通知

关于××等同志职务任免的通知

市总工会各部室：

经研究决定：任命××同志为市总工会办公室主任，免去其市总工会宣传部部长职务。任命××同志为市总工会宣传部部长。

市总工会党组

××××年×月×日

例文四：批示性通知

省总工会关于转发××市总工会《关于加强智能工会建设的报告》的通知

各地区工委，市、州总工会，省级产业工会、省直工委：

现将××市总工会《关于加强智能工会建设的报告》转发给你们，请高度重视工会的智能化建设，推动工会工作的创新和发展。

附件：××市总工会《关于加强智能工会建设的报告》

省总工会办公室

××××年×月×日

第二节　报告

报告是一种上行文书，是下级机关向上级领导部门反映情况、提出建议或意见的公文。它属于陈述性文件，主要用于向上级主管机关汇报工作，陈述问题，报送表册、物件或答复上级机关对有关问题的查询。报告有综合性的，也有专题性的，其所写应是比较成熟的意见，所提的办法应是切实可行的。报告最显著的特点是内容上的汇报性和写作手法上的叙述性，陈述工作是如何做的，有什么情况、经验和体会，存在什么问题，今后有何打算等。报告在工会组织中普遍使用，它起着沟通上下级工会组织之间联系的作用。

报告的结构由首部、正文和尾部三部分组成。首部包括标题和主送单位（有些报告不写主送单位）。标题的内容包括事由和文种，列在第一行中间的位置；主送单位在标题的下一行顶格写，写完主送单位的全称后加冒号。正文开头要先简练概括地说明报告的目的，然后用承启语如"现将有关情况报告如下"转入报告内容。报告内容要写清工作进行的情况，包括过程、措施、成效等，以及存在的问题、经验教训、下一步的打算。如属情况报告则需概述情况，作出分析、评价，指出事情的性质、表明看法，写明处理结果或处理意见；建议报告则要扼要地写明工作状况和问题的简况，具体写明本单位对工作的安排、打算或解决问题的建议；报送报告常用"现将送上，请审阅"作为正文事项的前部。报告内容写完后即用"特此报告""以上报告，请指示"等结束语。报告结尾要在右下方写上发文单位和年月日并加盖公章。总之，写报告的基本要求是情况要真实，要用叙述的方式，其中不能夹带请示事项。

例文：情况报告

关于基层工会主席直接选举的情况报告

×工〔　　〕字第×号

市总工会：

　　为了更好地体现工会群众组织的特点，充分尊重广大会员的民主权利，根据上级工会的有关指示精神，我们在所属基层单位中进行了工会主席的直接选举。经过一年来的实践，这一工作取得了一定的成效。现将情况报告如下。

　　一、统一思想，提高认识。（略）

　　二、进行试点，总结经验。（略）

　　三、抓住关键，落实措施。（略）

　　我们在开展这一工作中，还存在一些问题，例如：工作不够深入，个别单位在选举中出现一些纰漏，产生了一些不利因素。我们要总结经验与教训，继续认真、深入地抓下去，为工会自身改革打下扎实的基础。

××公司工会（章）

××××年×月×日

第三节　请示

　　请示是下级机关请求上级机关或业务主管机关就某项工作或某个问题给予批示、答复或审核批准的一种上行文。请示的特点：一是行文的固定性，不能超越隶属关系行文，而且一般是逐级行文；二是内容具有单一性，凡较规范的请示，都具有这种单一性，即一篇请示的公文只写一件事或一个问题，也就是"一文一事""一事一请示"；三是行文具有鲜明目的性，不允许含糊其词。请示在工会工作中使用范围广泛，凡工会本身无权决定或无力决定的，需上级主管部门批准或指示后方可办理的都需要写请示。此外，工作中遇到新问题，无章可循，拿不定如何解决时，工作中遇到困难，如资金短缺，人力物力不足，需上级机关帮助解决时，也要用此类请示公文。

撰写请示应注意：第一，必须是"一文一事一请示"；第二，请示的事项、意见要明确具体，决不能含混不清；第三，凡请示事项或问题的解决涉及有关单位者，应事先与有关单位商议，或在请示中加以说明；第四，一定要把请示与报告区分开来，不能混用，亦不能写成请示报告。具体来说，写请示应把握好首部、正文、结尾三个部分。首部一是标题，直接写明关于××的请示，例如"关于增添职工活动室文娱设施需拨款的请示"，标题应写在第一行中间。二是主送单位，即在标题的下一行顶格写主送单位（全称），并加冒号。正文一般采用横式结构，大体包括三部分：一是请示事由，扼要讲明提出问题的背景或依据，明确写出所请示的是什么问题或什么事项；二是请示事项，详细、具体地写明要求给予指示、批准的问题或事情的基本情况、存在问题，以及本单位对处理、解决问题的建议和设想；三是请求，另起一行，根据上文内容用"当否，请指示""以上意见是否妥当，请批示""以上意见如无不妥，请批转有关单位执行"等表示要求。尾部是在正文结束后，在右下方写上发文单位名称和日期，并加盖公章。

例文：

关于增添职工活动室文娱设施需拨款的请示

市总工会：

为了丰富广大职工的业余生活，形成健康文明向上的良好风气，根据上级工会的有关指示精神，经厂工会研究并征得厂行政同意，决定为厂职工活动室增添一些文娱设施，共需资金 5 万元，因我会难以全部承担，故请求市总工会资助 1.5 万元，以解急需。

妥否，请批示。

××厂工会委员会（章）

××××年×月×日

第四节 计划、总结

计划是头，总结是尾，做事情要有头有尾。因此，工会干部应了解和掌握好"头尾"的写作。

（一）计划

计划是对未来一定时期的任务做出预想性部署的文种，即根据上级的方针政策及指示精神，从本单位实际出发，提出明确的目标、要求，制订具体的措施、办法，并规定完成期限的一种应用文。

计划的应用范围很广，各级工会无论做什么事情，都需要事先制订计划。计划具有指导性和指令性。前者主要体现为指导工作，明确工作目标和任务，统一思想和行动；后者则表现为计划规定的目标和任务，必须在限期内达到和完成。

计划可以从不同的角度分为许多类别：按性质分，有生产计划、工作计划、学习计划、科研计划等；按范围分，有国家计划、地区计划、单位计划、个人计划等；按时间分，有年度计划、季度计划、月计划等；按内容分，有综合计划、专题计划等。

计划有广义与狭义之分，广义的计划包括要点、打算、规划等；狭义的计划包括安排、意见、方案等许多具体种类。撰写计划时，要根据具体情况，使用不同的名称。一般来说，上级对下级下达的工作安排或重要任务，用"重点"或"要点"；准备近期要做的事情，而对其中的指标或措施等考虑得还不很全面的，用"打算"；时间很长（三五年内），内容较广泛，又只能提出一个总的设想的，用"规划"；时间较长（一年半载），内容较具体的，用"计划"；准备在短期去完成一些具体任务，用"安排"；对某项工作做了精心的部署、全面的计划，订出具体的目的要求、方式方法、具体进度等的，用"方案"。这些计划种类性质相同，写作格式大致相近，但也有不同之处。

计划的写作可以有多种格式，常见的有文字叙述式、条文式、表格式。有时几者兼而有之。不论采取哪种格式，计划都应具备标题、正文、日期三部分。

完整的标题包括制订计划的单位名称、计划的期限、内容范围等要素，如《市总工会 2022 年工作要点》。设想、方案、安排的标题可以省略单位名称或计划的期限，如《关于在女职工中开展"三八"书香活动的初步安排》。

计划的正文，一般分为前言和主体两部分。前言部分一般说明制订计划的总的原则，制订计划的依据以及本部门具体情况的分析。这部分应该高度概括，简约明了，不必过于具体。如果是短期的小型计划，这部分可以省略。

主体部分要具备三个基本内容要素，即目标、措施、步骤。目标是计划产生的起点，也是计划实施的归宿。这部分应该根据需要与可能，提出完成任务的指标，即要完成什么任务，达到什么目的要求。措施是实现计划的保证，这部分应该根据主客观条件，规定达到目标的手段，需动员的力量以及负责的部门，配合的单位等。步骤是实现目标的程序安排和时间要求，这部分应该按照任务完成的阶段和环节，明确哪些先干，哪些后干，体现出轻重缓急和先后顺序。在时间安排上，既要有总的时限要求，也要有每项任务的时限要求。

制订计划的日期：一般写在正文结尾处右下方，也有写在标题下方的。另外，对外行文的计划，需要加盖公章。

例文：年度工作计划

××区总工会××××年度经审工作计划

一、一季度抓好"争先创优竞赛"活动的汇总与总结评比工作并向市总推荐先进单位。

二、按照市总工会的要求审计事务所在年初配合事业部做好今年的报表审计工作和年终的承包审计，切实把审计事务所办好，为工会系统的企事业单位发展保驾护航。

三、召开一次经审工作会议讨论和审查市总年度的经费决算与年度的经费预算。

四、×—×月份对工会事业单位财务情况进行审查。

五、在市总、省总评选"争先创优竞赛"活动的基础上继续全面发动，把"争先创优竞赛"活动扎实地开展下去。

六、加强对经审干部的培训工作，凡年内新建立乡、镇工会的地方，今年都要办一期工会财务和经审培训班，培训面达到60%以上。

七、召开一次外商投资企业工会经审工作会议，探讨如何在不同性质、类型的外商投资企业工会中收、管、用好工作经费。

八、对上年度收缴工会经费较差的重点单位，作一次重点审计或委托审计，研究落实催交办法和应采取的措施。

九、协助财务部努力催交以前的欠交费。

十、第三季度经审与财务共同组织一次全市性经审财务智力竞赛（基层工会参加三人为一组，即工会主席、工会财务、经审会主任）。

十一、及时完成好工会内部的各项委托审计业务，在有关部门支持下切实把审计事务所办好。

××区总工会经费审查委员会

××××年×月×日

（二）总结

总结是人们对某一阶段或某个方面的工作经过回顾、检查、分析和研究，从中找出经验和教训，得出一些规律性的认识，以便指导今后工作的一种应用性文体，是从事工会工作时经常会用到的一种文体。总结的作用在于肯定成绩，表彰先进，找出差距，吸取教训，明确今后努力方向。

总结的类型，从内容上分，有工会工作总结、工会业务学习总结、工会干部思想总结等。从时间上分，有月份总结、季度总结、年度总结等。

从范围上分，有全面总结、专题总结等。从基本性质上分，有经验总结、成绩总结、问题总结等。

总结的格式一般由名称、正文、落款和日期等部分组成。总结的名称，相当于一般文章的题目，由总结单位、内容和类别组成，必要时加总结的时间，使人一目了然，如《××集团公司工会2022年春节慰问老干部、劳模工作总结》。正文的内容从逻辑角度讲应包括含"做了什么""怎么做的""今后将怎样做"等部分，具体层次是：第一部分包括基本情况或背景情况；第二部分是主要成绩（经验）及取得成绩经验的办法、过程；第三部分是存在问题（教训）及其原因；第四部分是今后努力的方向和改进措施。有的落款在标题下，最后写明总结日期就行了，不要重复。

写总结应注意把握下述各点。一是吃透两头，即吃透上头和下头。吃透上头是指认清与深刻领会党、国家和工会在一定历史时期的中心任务，吃透下头是指透彻地了解实际情况，掌握基层动态、群众思想感情等方面的具体材料。二是要实事求是，对过去的工作进行真实的记载，对成绩和缺点要一分为二、恰当估计。三是要确定重点，归纳突出的问题和主要的经验，反映工作的本质和规律，凡与此无关的材料应舍弃，避免记流水账。四是对一些大型的、复杂的总结要编写总结提纲。五是条理要清楚，详简要适宜。六是要对初稿反复讨论、修改、补充，然后才能定稿。

例文一：全面工作总结

××区总工会××××年经审工作总结

××××年，在市总工会和各级工会的重视和支持下，区总工会经审会认真学习贯彻习近平新时代中国特色社会主义思想，学习贯彻上级有关指示和要求，认真执行和落实有关规定，抓基层、打基础、抓实务、上水平，加强宏观指导，逐步实现对工会经费、工会财务、工会事业及与工会有关的经济活动的经常性监督审查，在工会系统形成了民主监督与内部审计相结合的自我控制机制，保障工会财产完整齐全和工会各项活动的开展做了大量工作，取得了一定成绩。

（一）对工会经审工作认识有了新的提高

......

（二）抓组织建设，健全制度

......

（三）抓实务审查和专项审计取得了明显效果

......

今年以来，区总工会经审委员会在工作人手少、实务审查工作量大的情况下，做了大量工作，取得了一定的成绩，但也存在一些问题，主要有以下几个方面：

1.从对工会财产清查和××××年工会经费审查来看，离要求还有差距。其主要原因是重视不够，经审工作的发展不平衡，抓得不实；

2.从工会财产管理看，制度不健全，普遍存在着重钱轻物，重买轻管，致使一些财产流失、损坏，被私人长期占用；

3.从对工会经费的收管用来看，依法上解还不够，截留工会经费或多或少时有发生；

4.从工会所办企事业单位财务管理方面来看，财务人员业务素质低，管理制度不健全，不合理开支和违规违纪现象时有出现。

对上述存在的问题，我们今后要不断加强工作，逐步完善，加以克服和改进……使经审工作再上新台阶。

××区总工会经费审查委员会

××××年×月×日

例文二：专项工作总结

××市总工会固定资产清理审查工作总结

××××年×月，市总经审会下发《关于开展工会固定资产管理审查工作的通知》后，全市各级工会、经审会紧紧抓住有利时机分头组织人员，层层贯彻落实；制定有效措施，具体帮助指导，建立健全制度。由于领导重视、措施得力，财产清理审查工作进展顺利，达到预期效果，促使本市工会固定资产管理工作上了一个新台阶。

一、主要收获

1.摸清了家底，做到心中有数。

……

2.健全了制度，切实加强管理。

……

3.增强了依法保护财产意识。

……

二、基本做法

1.制定方案，加强领导。

……

2.明确审查范围、内容、制定具体标准。

……

3.专题培训，典型引路。

……

4.开展以物对账、以账对物，全面清查。

……

5.建账、立卡、分类、编号。

……

6.发现问题，及时整改。

……

三、几点体会

1.领导重视是搞好清查工作的关键。

……

2.各方支持，有力配合是搞好清查工作的重要条件。

……

3.人员落实，各司其职，是搞好清查工作的重要保证。

……

四、问题、建议

1.问题：……

2.建议：……

经审会办公室（公章）

××××年×月×日

第五节　典型材料

典型材料是指为宣扬先进人物或先进集体的事迹、经验而使用的一种书面材料，常用于向上级反映情况以便作为表彰和评选先进的依据，或在各种类型的经验交流会、表彰会上宣读，通过微信公众号、微信群向职工推送，也可以在报刊上发表，从而起到褒扬先进、推广先进经验的作用。典型材料的特点首先是典型性，先进个人、先进集体的事迹都具典型性，先进材料必须把这种典型意义突出地反映出来，否则就不能起到示范作用。其次是充实性。典型材料要用事实说话，因此所用材料就必须丰富、具体、充实，反映事迹全面。最后是陈述性，典型材料是以先进个人、先进集体的事迹感染人、教育人，因此把事实陈述清楚十分重要。典型材料具有宣传、教育、借鉴和存档作用。大力弘扬典型的先进事迹，推广他们的先进经验、发挥他们的带头、引导作用，对于促进工会工作的发展，促进企事业单位改革建设创新和发展具有十分重要的意义。同时，宣传弘扬先进，号召组织职工学习先进也是工会义不容辞的责任，因此，工会干部只有了解并撰写好典型材料，才能更好地履行职责、做好工作。

典型材料的结构由标题和正文两部分组成。标题的写法通常有两种形式。一种是公文式标题，由对象加文种组成，如"关于×××的典型材料"或"关于×××的先进事迹"。另一种是文章标题，包括单标题和主、副标题两种。单标题如"千名下岗职工是怎样稳定的"，主、副标题如"严格评选、彰显功绩、温情管理——××市北区工会劳模管理三部曲"。正文由开头、主体和结尾组成。开头部分主要是概述性质介绍先进个人、单位的基本情况，包括自然状况，突出业绩和各方面的评价。如果典型集体经验则介绍经验的由来与意义，也可直接进入叙述。主体部分主要是介绍个人或集体的先进事迹，这部分应当写得详细具体、生动感人、思想挖掘深刻。如是典型集体经验，主体部分则应细致介绍工作的收获和效果，有哪些具体经验。结尾部分可点出典型人物、典型集体获得的荣誉称号或对先进人物、对先进单位的事迹进行评价。

典型材料可用以时间为序的纵式结构，也可以用按不同事迹加以分条列项的横式结构，还可以纵横交叉写；可以整篇加以叙述，也可以分几部分写，加序号或列小标题。典型材料的写作应注意主题突出、鲜明，材料真实、充实、详略得当，布局合理、层次清楚，语言平实流畅，靠事实说话，评价要恰当，要有较强的说服力。方式上以叙述为主，辅以议论。

第六节　倡议书、申请书、建议书

（一）倡议书

工会组织所写作的倡议书是以工会组织的名义，向社会或社会有关方面，或者是全体职工提出建议的书面文件。倡议书有的发自个人，有的发自一群人，有的发自一次会议或一个部门、一个单位。

倡议书的作用是倡导某种建议，如倡导某种先进风气、倡议开展某些有意义的活动等。倡议书的内容主要是向倡议的对象提出采取某种行动、开展某种运动，以倡议书的形式来表现主要是为了造成广泛而深远的影响，希望得到广泛的响应。

倡议书的写法比较灵活，不必局限形式。倡议书的结构由首部、正文和尾部三部分组成。首部包括标题和称谓。一般情况下直接用"倡议书"

三个字作标题，也可以在"倡议书"三字前概括倡议的内容，如"广泛开展增产节约活动倡议书"。称谓应根据倡议对象选用，如"全市职工们""全厂职工们"等。正文是倡议书的重要部分，应写清楚发倡议的根据、原因、目的，尤其要把倡议的具体内容和要求做到的具体事项交代清楚。这部分内容一般是分开列，从几个方面提出具体要求。正文的尾部要写上倡议者的决心、希望和建议等，倡议书的结尾要写上倡议者的名称或姓名，发倡议的年月日。

写倡议书要注意在内容上体现时代精神，紧密结合当前形势和党的路线、方针、政策及工会工作的要求，同时要具有普遍意义，能引起更多人的共鸣和附议，建议既要具有先进性、时代性，又要实事求是，切实可行。

（二）申请书

申请书是个人或集体向组织表达愿望，向机关、团体、单位领导提出请求时使用的一种文书。申请书的使用范围非常广泛，个人向党、工会、青年团等组织表达志愿、理想和希望，个人或部门在工作、生产、学习、生活等方面对上级有所要求，如申请入党、入会、住房、开业、困难补助时，都需要使用申请书。

申请书一般为一事一书，内容比较单一。申请书有固定的格式，它的内容包括五部分。第一是标题。在申请书的第一行居中写申请书的名称，有的是加申请内容，如"困难补助申请书"，有的则只写"申请书"三字。第二是称呼。在标题下空一行顶格写接收申请书的组织、机关、团体、单位的名称或有关负责同志的姓名，如"市总工会""厂工会"等，称呼后加冒号。第三是正文。正文是申请书的主要部分，要写清申请的事情和理由。申请的事情和理由最好分段写，如果申请的理由比较多，还要分条申述。第四是结尾。结尾可写上"此致敬礼"等祝颂语，也可写"请领导批准"等。第五是署名和日期。在正文右下方写申请人姓名或申请单位名称以及申请书日期。单位所写的申请书还须加盖公章。

例文：

困难补助申请书

厂工会：

我系本厂二车间职工，今夏家乡遭遇特大洪灾，致使居住房屋和所种田亩被毁，现家属及小孩已陷窘境之中，仅靠本人工资无法维持，故向厂工会请求按有关规定给予特困补助，敬请领导批准为盼。

此致

敬礼

$$×× $$

$$××××年×月×日$$

（三）建议书

建议书是个人、单位和有关方面，为了开展工作、完成任务，进行某种活动提出建议时使用的一种文体。建议书与倡议书不同，两者的区别在于：倡议书虽有所建议，但它一般是面对群众，带有一定的号召性；建议书是面对领导或有关部门。建议书是职工群众行使民主权利，发表意见、提供建议，参与国家、企事业单位和社会事务管理的重要工具。建议书在工会组织职工开展的群众性合理化建议活动中使用十分广泛。

建议书的结构分五部分。标题是居中处写"建议书"。在标题下一行顶格写接收建议书的机关、单位或领导人名称。正文分两个层次。一是要说明提建议的原因、依据、目的，即为什么要提建议；二是要写明建议的具体事项，如果内容较多可采用条款式写法。结语写个人愿望或敬意。落款写明提建议人的名称和提建议日期。

写建议书的基本要求是，态度必须严肃认真，建议要具体、明确、可行，行文要条理清晰、用词准确，以说明为上。要从全局出发，既要考虑到当前急需解决的问题或长远利益方面的问题，又要看到当前条件，便于领导采纳。

第七节　工会小组台账记录模板

工会小组人员基本情况统计表

序号	姓名	性别	出生年月	文化程度	政治面貌	岗位名称	工种	工资收入	进本厂时间	进本班时间	家庭地址	兼任何职
1												
2												
3												
4												
5												
6												
7												
8												
9												
10												

注："兼任何职"栏请填上该同志所兼任的职务，如：班组长、工会组长、安全员、考核员、核算员等。

工会小组年度规划

工会小组通过日期：　　　　年　　月　　日

工会小组长签字：

　　　　　　年　　月　　日

工会小组学习记录

学习时间：　　年　　月　　日　　时至　　时　　记录人	
学习内容	
学习讨论记录	

合理化建议情况登记表

序号	内容	建议人	提出日期	是否采纳	实施日期	效果	奖励	有关部门签证
1								
2								
3								
4								

　　注：1.本表是工会小组开展合理化建议（包括"五小"活动）的汇总表，填写时应以原始报表和登记单为依据；2."效果"栏内填社会效益和经济效益；3."签证"栏内由合理化建议办公室主管人员签字认可。

劳动保护监督检查记录

日期	检查人	检查内容	有何建议	整改简况（日期、整改人、效果）	认可人

注：1.本栏目由工会小组的劳动保护检查员填写，每月一次；2."认可人"指车间劳动保护监督检查员。

工会小组安全活动记录

日期	主持人	参加人数	活动内容	事故隐患	措施

注：1.每月活动不少于 1 次；2.由安全员主持此项活动。

工会小组劳动和技能竞赛记录

日期	劳动竞赛内容	组织者	参加人数	结果

注：1.“日期”指竞赛起止；2.“结果”栏内填写竞赛后获得何种名次和奖励。

工会小组家访及谈心记录

日期	地点	被访谈者	访谈者	访谈原因	访谈结果	备注

注：1.家访谈心应做到针对性、及时性；2.谈心活动应在空余时间进行。

工会小组年度总结

工会小组通过日期：　　　　　　年　　月　　日

工会小组长签字：　　　　　　年　　月　　日

分工会阅评：

分工会主席签字：　　　　　　年　　月　　日

注：1.通过日期指工会小组讨论的通过日期；2.年度总结要客观、具体、准确，实事求是。

附　录

1. 工会劳动保护监督检查员管理办法

第一章　总　则

第一条　为加强工会劳动保护监督检查员的管理，切实发挥工会劳动保护监督检查员在安全生产、职业病防治工作中的监督作用，根据国家劳动安全卫生法律法规有关规定和中华全国总工会颁发的《工会劳动保护监督检查员工作条例》，制定本办法。

第二条　工会劳动保护监督检查员是指具有较高的政策、业务水平，熟练掌握劳动安全卫生法律法规，经过劳动保护业务培训和考核，经由上级工会任命的从事工会劳动保护工作的人员。

第三条　工会劳动保护监督检查员依照国家劳动安全卫生法律法规和中华全国总工会的有关规定行使监督检查权利，通过各种途径和形式，组织开展群众性劳动安全卫生工作，反映职工群众在劳动安全卫生方面的意愿，履行维护职工生命安全和身体健康权益的基本职责。

第二章　职　责

第四条　学习党和国家的劳动安全卫生方针、政策，掌握劳动安全卫生法律、法规和技术标准、规范，钻研业务知识，研究、分析和掌握本地区、行业、企业的劳动安全卫生情况。

第五条　了解和掌握本地区或本行业内的企业劳动安全卫生技术措施制定、实施以及经费提取、使用情况。掌握重大安全隐患和严重职业危害情况，跟踪监督检查，督促其整改。特别重大隐患问题，应及时写出专题报告，报送本级政府及有关部门，督促落实。

第六条　为企业开展劳动安全卫生工作提供指导和服务。指导企业工会签订劳动安全卫生专项集体合同，并监督落实。

第七条　参加生产性建设工程项目职业安全卫生设施"三同时"的监督审查工作，对发现的问题，依照法律法规和标准规范提出改进意见。对于参加审查验收的工程项目，应整理专项材料归档，并对审查验收项目负责。

第八条　参加职工伤亡事故和其他严重危害职工健康事件的抢险救援和调查处理工作，对抢险救援、善后处理、调查处理等工作全过程进行监督，向有关部门提出处理意见和建议，并要求追究有关人员的责任。监督企事业单位落实防范和整改措施，整理事故调查材料并归档。

遵守伤亡事故调查处理工作纪律，严格执行廉洁自律的规定。

第九条　宣传职工在劳动安全卫生方面享有的权利与义务，教育职工遵章守纪，提高劳动者的职业安全卫生意识和自我保护能力。

第十条　加强对劳动保护工作相关信息、资料的收集和整理，及时向所在工会组织和任命机关报送。

第十一条　执行监督检查任务，应主动出示工会劳动保护监督检查员证件。对阻挠监督检查工作的单位和个人，有权要求有关部门严肃处理。

第三章　组织管理

第十二条　工会劳动保护监督检查员的任职条件和任命程序，按中华全国总工会颁发的《工会劳动保护监督检查员工作条例》执行。

省（区、市）总工会、全国产业工会劳动保护监督检查员由中华全国总工会审批任命。

地（市）总工会、省属产业工会的工会劳动保护监督检查员由省（区、市）总工会审批任命，报中华全国总工会备案。

县（区）总工会、地（市）产业工会的工会劳动保护监督检查员由地（市）总工会审批任命，报省（区、市）总工会备案。

乡镇（街道）工会、县（区）所属产业（系统）工会的工会劳动保护监督检查员，由县（区）总工会审批任命，报地（市）总工会备案。

第十三条　工会劳动保护监督检查员对所在工会组织和任命机关负责。根据工作需要，任命机关可选调工会劳动保护监督检查员代表上级工会参加安全检查、"三同时"审查验收和职工伤亡事故、职业病危害事件的调查处理等工作，其所在工会组织应给予支持。

第十四条　工会劳动保护监督检查员参加职工伤亡事故、职业病危害事件的抢险救援时，所代表的工会组织应为其配备必要的通讯、音像设备，提供及时赶赴现场的交通工具和工作经费。

第十五条　工会劳动保护监督检查员参加有毒有害、矿山井下等危险场所检查，以及企业伤亡事故、职业危害事件抢险救援和调查处理享受特殊津贴。津贴标准参照同级政府有关监管部门或纪检监察办案人员补贴标准执行，津贴由同级工会列支。

第十六条　工会劳动保护监督检查员队伍应保持相对稳定。确因工作需要调离岗位、退休、退职及新增的人员，需在每年12月前上报任命机关予以备案。

第十七条　工会劳动保护监督检查员的任命、考核等工作由任命机关负责，日常工作由所在工会组织负责。

任命机关每年对工会劳动保护监督检查员的工作实绩进行年度考核。年度考核表每年12月中旬上报任命机关。任命机关将考核结果于次年1月上旬反馈所在工会组织，供所在工会组织干部考核参考，记入任命机关管理档案。

对于做出优异成绩的工会劳动保护监督检查员，由任命机关予以通报表扬。

工会劳动保护监督检查员证件由中华全国总工会统一印制。

第十八条　对于不履行监督检查职责或不称职的工会劳动保护监督检查员，由任命机关免去其资格并收回证件。

第十九条　工会劳动保护监督检查员业务培训由任命机关负责。

第二十条　工会劳动保护监督检查员必须取得相应专业资格。专业资格的培训由任命机关或委托有关院校承办。

第二十一条　工会劳动保护监督检查员依照有关法律、法规规定行使监督检查职权受到不公正待遇的，任命机关应维护其合法权益。

第四章　附　　则

第二十二条　县（区）以上总工会参照本办法制定本级工会劳动保护监督检

查员管理办法实施细则。

第二十三条　本办法自颁发之日起执行，解释权属中华全国总工会。

中华全国总工会

2011 年 5 月 24 日

2. 工会劳动保护工作责任制（试行）

为了履行工会在国家安全生产工作格局中的"群众监督参与"职责，进一步规范和推动工会劳动保护工作，维护职工的安全健康合法权益，根据《工会法》《安全生产法》《职业病防治法》等法律法规，制订本责任制。

一、职工在生产过程中的安全健康是职工合法权益的重要内容。各级工会组织必须贯彻"安全第一，预防为立"的方针，坚持"预防为主，群防群治，群专结合，依法监督"的原则，依据国家有关法律法规的规定，履行法律赋予工会组织的权利与义务，独立自主、认真负责地开展群众性劳动保护监督检查活动，切实维护职工安全健康合法权益。

二、各级地方总工会主席对本地区工会劳动保护工作负全面领导责任；分管副主席负直接领导责任；劳动保护部门负直接责任，履行以下职责：

1.监督和协助政府有关部门以及企业贯彻执行国家有关劳动安全卫生政策、法律法规和标准。

2.开展调查研究，听取职工群众的意见建议和工会劳动保护工作汇报，研究安全生产方面存在的重大问题，提出解决问题的意见或建议。

3.独立或会同有关部门进行安全生产检查，促进企业不断改善劳动条件。对于重大事故隐患和严重职业危害应当实行建档备查，发放隐患整改通知书，并跟踪督促企业整改；对拒绝整改的，应及时报告上级工会及有关部门进行处理。

4.参加生产性建设工程项目"三同时"的审查验收工作，对不符合"三同时"规定的，向有关方面提出存在问题及解决的建议。对劳动条件和安全卫生设施不符合国家标准或行业标准的，不予签字。

5.按照国家伤亡事故和严重职业危害调查处理的有关规定，相应的地方总工会派员参加伤亡事故和严重职业危害的调查处理。

6.指导企业工会开展"安康杯"竞赛等群众性劳动保护活动，总结推广群众性劳动保护监督检查的先进经验。

7.在评选先进和劳动模范中，对发生重特大死亡事故或存在严重职业危害的企业和负有责任的个人，提出意见，落实一票否决权。

三、各级地方总工会应建立负责劳动保护的工作机构，配备劳动保护专兼职干部，为劳动保护部门提供必要的经费、设备、交通和通讯工具。

四、企业工会主席对企业工会劳动保护工作负全面领导责任；分管副主席负直接领导责任；劳动保护部门（或专兼职人员）负直接责任，履行以下职责：

1.建立健全群众性劳动保护监督检查组织网络。

2.听取工会劳动保护工作汇报和职工群众的意见，研究解决工会劳动保护工作的重大问题，指导工会劳动保护工作的开展。

3.监督和协助企业贯彻落实国家有关劳动安全卫生法律法规和标准。参与企业安全生产责任制、劳动安全卫生规章制度、生产安全事故应急救援预案的制定和修改工作。

4.参与集体合同中有关劳动安全卫生条款的协商与制定，督促合同相关内容的落实。

5.参加本企业生产性建设工程项目"三同时"审查验收工作和伤亡事故的调查处理，按规定上报伤亡事故。

6.独立或会同企业行政开展安全检查。对查出的问题要及时督促企业整改；对重大事故隐患和职业危害要建立档案，并跟踪监督整改；对本企业无法解决的重大隐患向上一级工会反映。

7.组织职工开展"安康杯"竞赛等群众性安全生产活动。

8.宣传职工在劳动安全卫生方面享有的权利与义务，教育职工遵章守纪，协助企业行政搞好安全教育培训，提高职工的安全意识和自我保护能力。

9.密切关注生产过程中危及职工安全健康的问题。坚决制止违章指挥、强令工人冒险作业，遇到明显重大事故隐患或职业危害，危及职工生命安全时，应代表职工立即向企业行政或现场指挥人员提出停产解决的建议。

五、企业工会在履行维护职工安全健康合法权益遇到障碍、阻力，以至影响正常开展工作时，应当及时向上一级工会反映，上一级工会应给予支持和帮助。

六、上级工会在参加重特大伤亡事故和严重职业病危害事故调查时，发现下级工会有关人员没有履行工会劳动保护职责并导致严重后果的，应进行调查，提出处理建议。

七、上级工会应对下级工会执行本责任制的情况进行监督检查。对认真履行职责，做出突出成绩的给予表彰奖励；对未能履行职责的，给予批评教育，并督促其改正。

八、乡镇、街道基层工会联合会，可以参照地方总工会的责任执行。

中华全国总工会

2005 年 6 月 22 日

3. 工会劳动保护监督检查员工作条例

（总工发［2001］16 号　2001 年 12 月 31 日）

第一条　为履行工会劳动保护监督检查的职责，维护职工在劳动过程中的安全与健康，根据《中华人民共和国工会法》《中华人民共和国劳动法》和国家有关劳动安全卫生法律法规的规定，制定本条例。

第二条　工会组织依法履行劳动保护监督检查职责，建立劳动保护监督检查制度，对安全生产工作实行群众监督，维护职工的合法权益。

第三条　在县（含）以上总工会、产业工会中设立工会劳动保护监督检查员。可聘请有关方面熟悉劳动保护业务的人员担任兼职工会劳动保护监督检查员。

第四条　中华全国总工会，省、自治区、直辖市总工会，全国产业工会，省辖市总工会对工会劳动保护监督检查员有审批任命权。

省、自治区、直辖市总工会，全国产业工会和中华全国总工会有关部门的工会劳动保护监督检查员由省、自治区、直辖市总工会、全国产业工会审批任命，报中华全国总工会备案。

县级总工会的劳动保护监督检查员由省辖市总工会审批任命，报省、自治区、直辖市总工会备案。

工会劳动保护监督检查员由其所隶属的工会组织考核、申报。

第五条 工会劳动保护监督检查员在其所隶属的工会组织领导下工作，代表工会组织依法实施劳动保护监督检查；也可受任命机关委托，代表任命机关执行监督检查任务。

第六条 工会劳动保护监督检查员应具有大专以上文化程度、具有一定的生产实践经验，并从事工会劳动保护工作一年以上，应有较高的政策、业务水平，熟悉和掌握有关劳动安全卫生法律法规和劳动保护业务；科级以上、从事五年以上劳动保护工作的工会干部也可以担任工会劳动保护监督检查员。工会劳动保护监督检查员任命前必须经过劳动保护岗位培训，考核合格。

第七条 工会劳动保护监督检查员代表工会组织行使下列职权：

（一）参与劳动安全卫生法律法规、标准和重大决策、措施的制定，监督劳动安全卫生法律法规和政策的贯彻执行。

（二）监督检查本地区、行业和企事业的劳动安全卫生工作，对劳动安全卫生状况进行分析，对危害职工劳动安全与健康的问题进行调查，向政府及有关部门、企事业单位反映需要解决的问题，提出整改治理的建议。

（三）制止违章指挥、违章作业。在监督检查时，发现存在事故隐患、职业危害和违反国家劳动安全卫生法律法规的问题，有权要求企事业进行整改，监督企事业采取防范事故和职业危害的措施；发现严重存在事故隐患或职业危害的，提请所隶属的工会组织向企事业单位发出书面整改建议，并督促企事业单位解决；对拒不整改的，提请政府有关部门采取强制性措施。

（四）在生产过程中发现明显重大事故隐患和严重职业危害，并危及职工生命安全的紧急情况时，有权向企事业行政或现场指挥人员要求采取紧急措施，包括立即从危险区内撤出作业人员。同时支持或组织职工采取必要的避险措施并立即报告。

（五）依法参加职工伤亡事故的调查和处理，监督企事业单位采取防范措施，对造成伤亡事故和经济损失的责任者，提出处理意见。对触犯刑律的责任者，建议追究其法律责任。

（六）参加新建、扩建和技术改造工程项目劳动安全卫生设施的设计审查和竣工验收，对劳动条件和安全卫生设施存在的问题提出意见和建议。

（七）监督和协助企事业单位严格执行国家劳动安全卫生规程和标准，建立、健全劳动安全卫生制度；监督检查劳动安全卫生设施；监督检查技术措施计划的执行及经费投入、使用的情况；监督检查企事业单位的安全生产状况。

（八）支持基层工会劳动保护监督检查委员开展工作，在劳动保护业务上给予指导。

第八条　工会劳动保护监督检查员履行下列义务：

（一）严格执行国家法律法规和政策，实事求是，坚持原则，联系群众，依法监督。

（二）宣传国家劳动安全卫生法律法规和政策，教育职工遵守国家有关劳动安全卫生的各项法律法规和企事业单位的规章制度，推广先进的安全管理方法、预防事故和职业危害技术。

（三）与政府有关部门密切合作。

（四）学习相关知识，提高自身素质，适应工会劳动保护监督检查工作的要求。

第九条　工会劳动保护监督检查员执行任务时，应出示《工会劳动保护监督检查员证》。实施监督检查时，企事业单位应予以配合，提供方便。对拒绝或阻挠监督检查员工作的单位和个人，提请有关部门严肃处理。

第十条　工会劳动保护监督检查员应定期向其所隶属的工会汇报工作。受任命机关委托执行监督检查任务时，应向任命机关提交专题报告。

第十一条　工会组织对工会劳动保护监督检查员进行管理、业务指导和定期培训。

第十二条　任命机关定期考核工会劳动保护监督检查员的工作。对成绩显著者给予表彰奖励，对失职者取消其监督检查员资格。

第十三条　工会劳动保护监督检查员所隶属的工会组织为其开展工作提供交通、通讯等工作条件和必要的工会经费。工会劳动保护监督检查员按规定享受个人防护用品、保健津贴等待遇。

第十四条　各省、自治区、直辖市总工会和全国产业工会根据本地区、本行业具体情况，制订实施细则。

第十五条　本条例解释权属中华全国总工会。

第十六条　本条例自颁布之日起实施。

4. 基层工会劳动保护监督检查委员会工作条例

（总工发〔2001〕16 号　2001 年 12 月 31 日）

第一条　为发挥基层工会劳动保护监督检查作用，维护职工在劳动过程中的安全与健康，根据《中华人民共和国工会法》《中华人民共和国劳动法》和国家劳动安全卫生法律法规的有关规定，制定本条例。

第二条　企事业工会及所属分厂、车间工会设立工会劳动保护监督检查委员会（或工会劳动保护监督检查小组，下同）。

乡镇工会、城市街道工会及基层工会联合会也可设立工会劳动保护监督检查委员会。

工会劳动保护监督检查委员会在同级工会领导下开展工作。

第三条　工会劳动保护监督检查委员会委员由同级工会提名，报上级工会备案。

第四条　工会劳动保护监督检查委员会设主任委员 1 人，副主任委员 1~2 人，委员若干人，女职工相对集中的单位，应设女职工委员会，主任委员应由工会委员会主席或副主席担任。

工会劳动保护监督检查委员会委员由熟悉劳动保护业务、热心劳动保护工会的工会干部和生产一线的职工担任。工会劳动保护监督检查委员会委员也可聘请行政管理人员担任，但不得超过委员会总人数的三分之一。

第五条　根据需要，工会劳动保护监督检查委员会的工作可与职工（代表）大会的专门委员会的工作相结合。

第六条　工会劳动保护监督检查委员会的职权：

（一）监督和协助本单位贯彻执行国家劳动安全卫生法律法规，监督落实安全生产责任制和规章制度，参加涉及职工劳动安全与健康规章制度的制定，参与本单位劳动安全卫生措施、计划和经费投入等方案的制定和实施，对劳动安全卫生的决策、措施提出意见和建议。

（二）定期分析研究劳动安全卫生状况，向企事业单位和有关方面反映职工对劳动安全卫生工作的意见、建议和要求。督促和协助企事业单位解决劳动安全卫生方面存在的问题，改善劳动条件和作业环境。

（三）参与本单位集体合同中关于劳动安全卫生、工作时间、休息休假和工伤保险等条款的协商与制定，维护职工劳动安全卫生的权利、休息休假的权利和享受工伤保险的权利。对集体合同、劳动合同中劳动安全卫生条款的执行情况进行监督检查。

（四）制止违章指挥、违章作业。组织或协同行政进行安全生产检查，组织职工代表对劳动安全卫生工作进行督查。对事故隐患和职业危害作业点建立档案，监督整改和治理，并督促企事业单位防范事故和职业危害。

（五）对违反国家法律法规、不符合劳动安全卫生标准规定的问题，提出整改意见；问题严重的，向企事业行政提出书面整改意见；对拒不整改的，要求政府有关部门采取强制性措施。

（六）监督检查新建、扩建和技术改造工程项目的劳动安全卫生设施与主体工程同时设计、同时施工、同时投产使用。

（七）参加职工伤亡事故调查和处理，查清事故原因和责任，提出对事故责任者的处理意见，监督和协助企事业单位采取防范措施。对发生的职工伤亡事故和职业病进行研究、分析，总结教训，提出建议。

（八）在生产过程中发现明显重大事故隐患和严重职业危害，并危及职工生命安全的紧急情况时，要求企事业行政或现场指挥人员采取紧急措施，包括立即从危险区内撤出作业人员。同时支持或组织职工采取必要的避险措施并立即报告。

（九）宣传国家劳动安全卫生法律法规、政策及企事业的规章制度，结合实际情况，组织和发动职工开展安全生产活动，教育职工遵章守纪，提高职工的安全意识和技能。

（十）督促企事业单位按国家有关规定发放劳动安全卫生防护用品、用具，监督企事业单位定期对职工进行健康检查。监督企事业单位履行对职业病人的诊断、治疗和康复的责任，督促落实工伤待遇及职业病损害赔偿。监督和协助企事业单位落实女职工和未成年工特殊保护的有关规定。

第七条　企事业单位对工会劳动保护监督检查委员会的工作应给予支持，并提供相应的工作条件。对阻挠监督检查工作的单位和个人，有权要求有关部门严肃处理。

第八条　上级工会组织支持基层工会劳动保护监督检查委员会的工作，对工作成绩显著的劳动保护监督检查委员会给予表彰和奖励。

第九条 本条例解释权属中华全国总工会。

第十条 本条例自颁布之日起实施。

5. 工会小组劳动保护检查员工作条例

（总工发〔2001〕16 号　2001 年 12 月 31 日）

第一条 为保障国家劳动安全卫生法律法规及企事业规章制度落实到班组，发挥职工劳动保护监督检查作用，制定本条例。

第二条 在工、交、财贸、基本建设等行业的企事业生产班组中，设立工会小组劳动保护检查员。工会小组劳动保护检查员经民主推选产生，在基层工会劳动保护监督检查委员会领导下工作。

第三条 工会小组劳动保护检查员应具有一定的劳动安全卫生知识，敢于坚持原则，责任心强。

第四条 工会小组劳动保护检查员的职权：

（一）协助班组长落实国家劳动安全卫生法律法规及企事业规章制度，创建安全生产合格班组。

（二）查询工作场所存在的职业危害和企事业单位相应的防范措施。

（三）督促和协助班组长对本班组人员进行安全教育，提高安全生产意识和技术技能。

（四）制止违章指挥、违章作业。

（五）对生产设备、防护设施、工作环境进行监督检查，发现隐患及时报告，督促解决。

（六）发现明显危及职工生命安全的紧急情况时，应立即报告，并组织职工采取必要的避险措施。

（七）发生伤亡事故，迅速参加危险、急救工作，协助保护事故现场，并立即上报。

（八）监督企事业单位提供符合国家规定的劳动条件、按规定发放个体防护用品。向企事业单位提出不断改善劳动条件和作业环境的建议。

（九）因进行正常监督检查活动而受到打击报复时，有权上告，要求严肃处理。

第五条　工会组织对工会小组劳动保护检查员的工作应予以支持。对做出贡献的工会小组劳动保护检查员，上级工会组织给予表彰和奖励。

第六条　本条例解释权属中华全国总工会。

第七条　本条例自颁布之日起实施。

6. 工伤保险条例

（2003年4月27日中华人民共和国国务院令第375号公布　根据2010年12月20日《国务院关于修改〈工伤保险条例〉的决定》修订）

第一章　总　则

第一条　为了保障因工作遭受事故伤害或者患职业病的职工获得医疗救治和经济补偿，促进工伤预防和职业康复，分散用人单位的工伤风险，制定本条例。

第二条　中华人民共和国境内的企业、事业单位、社会团体、民办非企业单位、基金会、律师事务所、会计师事务所等组织和有雇工的个体工商户（以下称用人单位）应当依照本条例规定参加工伤保险，为本单位全部职工或者雇工（以下称职工）缴纳工伤保险费。

中华人民共和国境内的企业、事业单位、社会团体、民办非企业单位、基金会、律师事务所、会计师事务所等组织的职工和个体工商户的雇工，均有依照本条例的规定享受工伤保险待遇的权利。

第三条　工伤保险费的征缴按照《社会保险费征缴暂行条例》关于基本养老保险费、基本医疗保险费、失业保险费的征缴规定执行。

第四条　用人单位应当将参加工伤保险的有关情况在本单位内公示。

用人单位和职工应当遵守有关安全生产和职业病防治的法律法规，执行安全卫生规程和标准，预防工伤事故发生，避免和减少职业病危害。

职工发生工伤时，用人单位应当采取措施使工伤职工得到及时救治。

第五条　国务院社会保险行政部门负责全国的工伤保险工作。

县级以上地方各级人民政府社会保险行政部门负责本行政区域内的工伤保险工作。

社会保险行政部门按照国务院有关规定设立的社会保险经办机构（以下称经办机构）具体承办工伤保险事务。

第六条　社会保险行政部门等部门制定工伤保险的政策、标准，应当征求工会组织、用人单位代表的意见。

第二章　工伤保险基金

第七条　工伤保险基金由用人单位缴纳的工伤保险费、工伤保险基金的利息和依法纳入工伤保险基金的其他资金构成。

第八条　工伤保险费根据以支定收、收支平衡的原则，确定费率。

国家根据不同行业的工伤风险程度确定行业的差别费率，并根据工伤保险费使用、工伤发生率等情况在每个行业内确定若干费率档次。行业差别费率及行业内费率档次由国务院社会保险行政部门制定，报国务院批准后公布施行。

统筹地区经办机构根据用人单位工伤保险费使用、工伤发生率等情况，适用所属行业内相应的费率档次确定单位缴费费率。

第九条　国务院社会保险行政部门应当定期了解全国各统筹地区工伤保险基金收支情况，及时提出调整行业差别费率及行业内费率档次的方案，报国务院批准后公布施行。

第十条　用人单位应当按时缴纳工伤保险费。职工个人不缴纳工伤保险费。

用人单位缴纳工伤保险费的数额为本单位职工工资总额乘以单位缴费费率之积。

对难以按照工资总额缴纳工伤保险费的行业，其缴纳工伤保险费的具体方式，由国务院社会保险行政部门规定。

第十一条　工伤保险基金逐步实行省级统筹。

跨地区、生产流动性较大的行业，可以采取相对集中的方式异地参加统筹地区的工伤保险。具体办法由国务院社会保险行政部门会同有关行业的主管部门制定。

第十二条　工伤保险基金存入社会保障基金财政专户，用于本条例规定的工伤保险待遇，劳动能力鉴定，工伤预防的宣传、培训等费用，以及法律、法规规定的用于工伤保险的其他费用的支付。

工伤预防费用的提取比例、使用和管理的具体办法，由国务院社会保险行政部门会同国务院财政、卫生行政、安全生产监督管理等部门规定。

任何单位或者个人不得将工伤保险基金用于投资运营、兴建或者改建办公场所、发放奖金，或者挪作其他用途。

第十三条　工伤保险基金应当留有一定比例的储备金，用于统筹地区重大事故的工伤保险待遇支付；储备金不足支付的，由统筹地区的人民政府垫付。储备金占基金总额的具体比例和储备金的使用办法，由省、自治区、直辖市人民政府规定。

第三章　工伤认定

第十四条　职工有下列情形之一的，应当认定为工伤：

（一）在工作时间和工作场所内，因工作原因受到事故伤害的；

（二）工作时间前后在工作场所内，从事与工作有关的预备性或者收尾性工作受到事故伤害的；

（三）在工作时间和工作场所内，因履行工作职责受到暴力等意外伤害的；

（四）患职业病的；

（五）因工外出期间，由于工作原因受到伤害或者发生事故下落不明的；

（六）在上下班途中，受到非本人主要责任的交通事故或者城市轨道交通、客运轮渡、火车事故伤害的；

（七）法律、行政法规规定应当认定为工伤的其他情形。

第十五条　职工有下列情形之一的，视同工伤：

（一）在工作时间和工作岗位，突发疾病死亡或者在 48 小时之内经抢救无效死亡的；

（二）在抢险救灾等维护国家利益、公共利益活动中受到伤害的；

（三）职工原在军队服役，因战、因公负伤致残，已取得革命伤残军人证，到用人单位后旧伤复发的。

职工有前款第（一）项、第（二）项情形的，按照本条例的有关规定享受工伤保险待遇；职工有前款第（三）项情形的，按照本条例的有关规定享受除一次性伤残补助金以外的工伤保险待遇。

第十六条　职工符合本条例第十四条、第十五条的规定，但是有下列情形之一的，不得认定为工伤或者视同工伤，分别是：

（一）故意犯罪的；

（二）醉酒或者吸毒的；

（三）自残或者自杀的。

第十七条 职工发生事故伤害或者按照职业病防治法规定被诊断、鉴定为职业病，所在单位应当自事故伤害发生之日或者被诊断、鉴定为职业病之日起 30 日内，向统筹地区社会保险行政部门提出工伤认定申请。遇有特殊情况，经报社会保险行政部门同意，申请时限可以适当延长。

用人单位未按前款规定提出工伤认定申请的，工伤职工或者其近亲属、工会组织在事故伤害发生之日或者被诊断、鉴定为职业病之日起 1 年内，可以直接向用人单位所在地统筹地区社会保险行政部门提出工伤认定申请。

按照本条第一款规定应当由省级社会保险行政部门进行工伤认定的事项，根据属地原则由用人单位所在地的设区的市级社会保险行政部门办理。

用人单位未在本条第一款规定的时限内提交工伤认定申请，在此期间发生符合本条例规定的工伤待遇等有关费用由该用人单位负担。

第十八条 提出工伤认定申请应当提交下列材料：

（一）工伤认定申请表；

（二）与用人单位存在劳动关系（包括事实劳动关系）的证明材料；

（三）医疗诊断证明或者职业病诊断证明书（或者职业病诊断鉴定书）。

工伤认定申请表应当包括事故发生的时间、地点、原因以及职工伤害程度等基本情况。

工伤认定申请人提供材料不完整的，社会保险行政部门应当一次性书面告知工伤认定申请人需要补正的全部材料。申请人按照书面告知要求补正材料后，社会保险行政部门应当受理。

第十九条 社会保险行政部门受理工伤认定申请后，根据审核需要可以对事故伤害进行调查核实，用人单位、职工、工会组织、医疗机构以及有关部门应当予以协助。职业病诊断和诊断争议的鉴定，依照职业病防治法的有关规定执行。对依法取得职业病诊断证明书或者职业病诊断鉴定书的，社会保险行政部门不再进行调查核实。

职工或者其近亲属认为是工伤，用人单位不认为是工伤的，由用人单位承担举证责任。

第二十条　社会保险行政部门应当自受理工伤认定申请之日起 60 日内作出工伤认定的决定，并书面通知申请工伤认定的职工或者其近亲属和该职工所在单位。

社会保险行政部门对受理的事实清楚、权利义务明确的工伤认定申请，应当在 15 日内作出工伤认定的决定。

作出工伤认定决定需要以司法机关或者有关行政主管部门的结论为依据的，在司法机关或者有关行政主管部门尚未作出结论期间，作出工伤认定决定的时限中止。

社会保险行政部门工作人员与工伤认定申请人有利害关系的，应当回避。

第四章　劳动能力鉴定

第二十一条　职工发生工伤，经治疗伤情相对稳定后存在残疾、影响劳动能力的，应当进行劳动能力鉴定。

第二十二条　劳动能力鉴定是指劳动功能障碍程度和生活自理障碍程度的等级鉴定。

劳动功能障碍分为十个伤残等级，最重的为一级，最轻的为十级。

生活自理障碍分为三个等级：生活完全不能自理、生活大部分不能自理和生活部分不能自理。

劳动能力鉴定标准由国务院社会保险行政部门会同国务院卫生行政部门等部门制定。

第二十三条　劳动能力鉴定由用人单位、工伤职工或者其近亲属向设区的市级劳动能力鉴定委员会提出申请，并提供工伤认定决定和职工工伤医疗的有关资料。

第二十四条　省、自治区、直辖市劳动能力鉴定委员会和设区的市级劳动能力鉴定委员会分别由省、自治区、直辖市和设区的市级社会保险行政部门、卫生行政部门、工会组织、经办机构代表以及用人单位代表组成。

劳动能力鉴定委员会建立医疗卫生专家库。列入专家库的医疗卫生专业技术人员应当具备下列条件：

（一）具有医疗卫生高级专业技术职务任职资格；

（二）掌握劳动能力鉴定的相关知识；

（三）具有良好的职业品德。

第二十五条　设区的市级劳动能力鉴定委员会收到劳动能力鉴定申请后，应当从其建立的医疗卫生专家库中随机抽取3名或者5名相关专家组成专家组，由专家组提出鉴定意见。设区的市级劳动能力鉴定委员会根据专家组的鉴定意见作出工伤职工劳动能力鉴定结论；必要时，可以委托具备资格的医疗机构协助进行有关的诊断。

设区的市级劳动能力鉴定委员会应当自收到劳动能力鉴定申请之日起60日内作出劳动能力鉴定结论，必要时，作出劳动能力鉴定结论的期限可以延长30日。劳动能力鉴定结论应当及时送达申请鉴定的单位和个人。

第二十六条 申请鉴定的单位或者个人对设区的市级劳动能力鉴定委员会作出的鉴定结论不服的，可以在收到该鉴定结论之日起15日内向省、自治区、直辖市劳动能力鉴定委员会提出再次鉴定申请。省、自治区、直辖市劳动能力鉴定委员会作出的劳动能力鉴定结论为最终结论。

第二十七条 劳动能力鉴定工作应当客观、公正。劳动能力鉴定委员会组成人员或者参加鉴定的专家与当事人有利害关系的，应当回避。

第二十八条 自劳动能力鉴定结论作出之日起1年后，工伤职工或者其近亲属、所在单位或者经办机构认为伤残情况发生变化的，可以申请劳动能力复查鉴定。

第二十九条 劳动能力鉴定委员会依照本条例第二十六条和第二十八条的规定进行再次鉴定和复查鉴定的期限，依照本条例第二十五条第二款的规定执行。

第五章　工伤保险待遇

第三十条 职工因工作遭受事故伤害或者患职业病进行治疗，享受工伤医疗待遇。

职工治疗工伤应当在签订服务协议的医疗机构就医，情况紧急时可以先到就近的医疗机构急救。

治疗工伤所需费用符合工伤保险诊疗项目目录、工伤保险药品目录、工伤保险住院服务标准的，从工伤保险基金支付。工伤保险诊疗项目目录、工伤保险药品目录、工伤保险住院服务标准，由国务院社会保险行政部门会同国务院卫生行政部门、食品药品监督管理部门等部门规定。

职工住院治疗工伤的伙食补助费，以及经医疗机构出具证明，报经办机构同意，工伤职工到统筹地区以外就医所需的交通、食宿费用从工伤保险基金支付，基金支付的具体标准由统筹地区人民政府规定。

工伤职工治疗非工伤引发的疾病，不享受工伤医疗待遇，按照基本医疗保险办法处理。

工伤职工到签订服务协议的医疗机构进行工伤康复的费用，符合规定的，从工伤保险基金支付。

第三十一条 社会保险行政部门作出认定为工伤的决定后发生行政复议、行政诉讼的，行政复议和行政诉讼期间不停止支付工伤职工治疗工伤的医疗费用。

第三十二条 工伤职工因日常生活或者就业需要，经劳动能力鉴定委员会确认，可以安装假肢、矫形器、假眼、假牙和配置轮椅等辅助器具，所需费用按照国家规定的标准从工伤保险基金支付。

第三十三条 职工因工作遭受事故伤害或者患职业病需要暂停工作接受工伤医疗的，在停工留薪期内，原工资福利待遇不变，由所在单位按月支付。

停工留薪期一般不超过 12 个月。伤情严重或者情况特殊，经设区的市级劳动能力鉴定委员会确认，可以适当延长，但延长不得超过 12 个月。工伤职工评定伤残等级后，停发原待遇，按照本章的有关规定享受伤残待遇。工伤职工在停工留薪期满后仍需治疗的，继续享受工伤医疗待遇。

生活不能自理的工伤职工在停工留薪期需要护理的，由所在单位负责。

第三十四条 工伤职工已经评定伤残等级并经劳动能力鉴定委员会确认需要生活护理的，从工伤保险基金按月支付生活护理费。

生活护理费按照生活完全不能自理、生活大部分不能自理或者生活部分不能自理 3 个不同等级支付，其标准分别为统筹地区上年度职工月平均工资的 50%、40% 或者 30%。

第三十五条 职工因工致残被鉴定为一级至四级伤残的，保留劳动关系，退出工作岗位，享受以下待遇：

（一）从工伤保险基金按伤残等级支付一次性伤残补助金，标准为：一级伤残为 27 个月的本人工资，二级伤残为 25 个月的本人工资，三级伤残为 23 个月的本人工资，四级伤残为 21 个月的本人工资；

（二）从工伤保险基金按月支付伤残津贴，标准为：一级伤残为本人工资的 90%，二级伤残为本人工资的 85%，三级伤残为本人工资的 80%，四级伤残为本人工资的 75%。伤残津贴实际金额低于当地最低工资标准的，由工伤保险基金补足差额；

（三）工伤职工达到退休年龄并办理退休手续后，停发伤残津贴，按照国家有关规定享受基本养老保险待遇。基本养老保险待遇低于伤残津贴的，由工伤保险基金补足差额。

职工因工致残被鉴定为一级至四级伤残的，由用人单位和职工个人以伤残津贴为基数，缴纳基本医疗保险费。

第三十六条　职工因工致残被鉴定为五级、六级伤残的，享受以下待遇：

（一）从工伤保险基金按伤残等级支付一次性伤残补助金，标准为：五级伤残为18个月的本人工资，六级伤残为16个月的本人工资；

（二）保留与用人单位的劳动关系，由用人单位安排适当工作。难以安排工作的，由用人单位按月发给伤残津贴，标准为：五级伤残为本人工资的70%，六级伤残为本人工资的60%，并由用人单位按照规定为其缴纳应缴纳的各项社会保险费。伤残津贴实际金额低于当地最低工资标准的，由用人单位补足差额。

经工伤职工本人提出，该职工可以与用人单位解除或者终止劳动关系，由工伤保险基金支付一次性工伤医疗补助金，由用人单位支付一次性伤残就业补助金。一次性工伤医疗补助金和一次性伤残就业补助金的具体标准由省、自治区、直辖市人民政府规定。

第三十七条　职工因工致残被鉴定为七级至十级伤残的，享受以下待遇：

（一）从工伤保险基金按伤残等级支付一次性伤残补助金，标准为：七级伤残为13个月的本人工资，八级伤残为11个月的本人工资，九级伤残为9个月的本人工资，十级伤残为7个月的本人工资；

（二）劳动、聘用合同期满终止，或者职工本人提出解除劳动、聘用合同的，由工伤保险基金支付一次性工伤医疗补助金，由用人单位支付一次性伤残就业补助金。一次性工伤医疗补助金和一次性伤残就业补助金的具体标准由省、自治区、直辖市人民政府规定。

第三十八条　工伤职工工伤复发，确认需要治疗的，享受本条例第三十条、第三十二条和第三十三条规定的工伤待遇。

第三十九条　职工因工死亡，其近亲属按照下列规定从工伤保险基金领取丧葬补助金、供养亲属抚恤金和一次性工亡补助金：

（一）丧葬补助金为6个月的统筹地区上年度职工月平均工资；

（二）供养亲属抚恤金按照职工本人工资的一定比例发给由因工死亡职工生前提供主要生活来源、无劳动能力的亲属。标准为：配偶每月40%，其他亲属每人每月 30%，孤寡老人或者孤儿每人每月在上述标准的基础上增加 10%。核定的各供养亲属的抚恤金之和不应高于因工死亡职工生前的工资。供养亲属的具体范围由国务院社会保险行政部门规定；

（三）一次性工亡补助金标准为上一年度全国城镇居民人均可支配收入的20 倍。

伤残职工在停工留薪期内因工伤导致死亡的，其近亲属享受本条第一款规定的待遇。

一级至四级伤残职工在停工留薪期满后死亡的，其近亲属可以享受本条第一款第（一）项、第（二）项规定的待遇。

第四十条　伤残津贴、供养亲属抚恤金、生活护理费由统筹地区社会保险行政部门根据职工平均工资和生活费用变化等情况适时调整。调整办法由省、自治区、直辖市人民政府规定。

第四十一条　职工因工外出期间发生事故或者在抢险救灾中下落不明的，从事故发生当月起 3 个月内照发工资，从第 4 个月起停发工资，由工伤保险基金向其供养亲属按月支付供养亲属抚恤金。生活有困难的，可以预支一次性工亡补助金的50%。职工被人民法院宣告死亡的，按照本条例第三十九条职工因工死亡的规定处理。

第四十二条　工伤职工有下列情形之一的，停止享受工伤保险待遇：

（一）丧失享受待遇条件的；

（二）拒不接受劳动能力鉴定的；

（三）拒绝治疗的。

第四十三条　用人单位分立、合并、转让的，承继单位应当承担原用人单位的工伤保险责任；原用人单位已经参加工伤保险的，承继单位应当到当地经办机构办理工伤保险变更登记。

用人单位实行承包经营的，工伤保险责任由职工劳动关系所在单位承担。

职工被借调期间受到工伤事故伤害的，由原用人单位承担工伤保险责任，但原用人单位与借调单位可以约定补偿办法。

企业破产的，在破产清算时依法拨付应当由单位支付的工伤保险待遇费用。

第四十四条　职工被派遣出境工作，依据前往国家或者地区的法律应当参加当地工伤保险的，参加当地工伤保险，其国内工伤保险关系中止；不能参加当地工伤保险的，其国内工伤保险关系不中止。

第四十五条 职工再次发生工伤，根据规定应当享受伤残津贴的，按照新认定的伤残等级享受伤残津贴待遇。

第六章　监督管理

第四十六条 经办机构具体承办工伤保险事务，履行下列职责：

（一）根据省、自治区、直辖市人民政府规定，征收工伤保险费；

（二）核查用人单位的工资总额和职工人数，办理工伤保险登记，并负责保存用人单位缴费和职工享受工伤保险待遇情况的记录；

（三）进行工伤保险的调查、统计；

（四）按照规定管理工伤保险基金的支出；

（五）按照规定核定工伤保险待遇；

（六）为工伤职工或者其近亲属免费提供咨询服务。

第四十七条 经办机构与医疗机构、辅助器具配置机构在平等协商的基础上签订服务协议，并公布签订服务协议的医疗机构、辅助器具配置机构的名单。具体办法由国务院社会保险行政部门分别会同国务院卫生行政部门、民政部门等部门制定。

第四十八条 经办机构按照协议和国家有关目录、标准对工伤职工医疗费用、康复费用、辅助器具费用的使用情况进行核查，并按时足额结算费用。

第四十九条 经办机构应当定期公布工伤保险基金的收支情况，及时向社会保险行政部门提出调整费率的建议。

第五十条 社会保险行政部门、经办机构应当定期听取工伤职工、医疗机构、辅助器具配置机构以及社会各界对改进工伤保险工作的意见。

第五十一条 社会保险行政部门依法对工伤保险费的征缴和工伤保险基金的支付情况进行监督检查。

财政部门和审计机关依法对工伤保险基金的收支、管理情况进行监督。

第五十二条 任何组织和个人对有关工伤保险的违法行为，有权举报。社会保险行政部门对举报应当及时调查，按照规定处理，并为举报人保密。

第五十三条 工会组织依法维护工伤职工的合法权益，对用人单位的工伤保险工作实行监督。

第五十四条 职工与用人单位发生工伤待遇方面的争议，按照处理劳动争议的有关规定处理。

第五十五条　有下列情形之一的，有关单位或者个人可以依法申请行政复议，也可以依法向人民法院提起行政诉讼：

（一）申请工伤认定的职工或者其近亲属、该职工所在单位对工伤认定申请不予受理的决定不服的；

（二）申请工伤认定的职工或者其近亲属、该职工所在单位对工伤认定结论不服的；

（三）用人单位对经办机构确定的单位缴费费率不服的；

（四）签订服务协议的医疗机构、辅助器具配置机构认为经办机构未履行有关协议或者规定的；

（五）工伤职工或者其近亲属对经办机构核定的工伤保险待遇有异议的。

第七章　法律责任

第五十六条　单位或者个人违反本条例第十二条规定挪用工伤保险基金，构成犯罪的，依法追究刑事责任；尚不构成犯罪的，依法给予处分或者纪律处分。被挪用的基金由社会保险行政部门追回，并入工伤保险基金；没收的违法所得依法上缴国库。

第五十七条　社会保险行政部门工作人员有下列情形之一的，依法给予处分；情节严重，构成犯罪的，依法追究刑事责任：

（一）无正当理由不受理工伤认定申请，或者弄虚作假将不符合工伤条件的人员认定为工伤职工的；

（二）未妥善保管申请工伤认定的证据材料，致使有关证据灭失的；

（三）收受当事人财物的。

第五十八条　经办机构有下列行为之一的，由社会保险行政部门责令改正，对直接负责的主管人员和其他责任人员依法给予纪律处分；情节严重，构成犯罪的，依法追究刑事责任；造成当事人经济损失的，由经办机构依法承担赔偿责任：

（一）未按规定保存用人单位缴费和职工享受工伤保险待遇情况记录的；

（二）不按规定核定工伤保险待遇的；

（三）收受当事人财物的。

第五十九条　医疗机构、辅助器具配置机构不按服务协议提供服务的，经办机构可以解除服务协议。

经办机构不按时足额结算费用的，由社会保险行政部门责令改正；医疗机构、辅助器具配置机构可以解除服务协议。

第六十条　用人单位、工伤职工或者其近亲属骗取工伤保险待遇，医疗机构、辅助器具配置机构骗取工伤保险基金支出的，由社会保险行政部门责令退还，处骗取金额 2 倍以上 5 倍以下的罚款；情节严重，构成犯罪的，依法追究刑事责任。

第六十一条　从事劳动能力鉴定的组织或者个人有下列情形之一的，由社会保险行政部门责令改正，处 2000 元以上 1 万元以下的罚款；情节严重，构成犯罪的，依法追究刑事责任：

（一）提供虚假鉴定意见的；

（二）提供虚假诊断证明的；

（三）收受当事人财物的。

第六十二条　用人单位依照本条例规定应当参加工伤保险而未参加的，由社会保险行政部门责令限期参加，补缴应当缴纳的工伤保险费，并自欠缴之日起，按日加收万分之五的滞纳金；逾期仍不缴纳的，处欠缴数额 1 倍以上 3 倍以下的罚款。

依照本条例规定应当参加工伤保险而未参加工伤保险的用人单位职工发生工伤的，由该用人单位按照本条例规定的工伤保险待遇项目和标准支付费用。

用人单位参加工伤保险并补缴应当缴纳的工伤保险费、滞纳金后，由工伤保险基金和用人单位依照本条例的规定支付新发生的费用。

第六十三条　用人单位违反本条例第十九条的规定，拒不协助社会保险行政部门对事故进行调查核实的，由社会保险行政部门责令改正，处 2000 元以上 2 万元以下的罚款。

第八章　附　　则

第六十四条　本条例所称工资总额，是指用人单位直接支付给本单位全部职工的劳动报酬总额。

本条例所称本人工资，是指工伤职工因工作遭受事故伤害或者患职业病前 12 个月平均月缴费工资。本人工资高于统筹地区职工平均工资 300% 的，按照统筹地区职工平均工资的 300% 计算；本人工资低于统筹地区职工平均工资 60% 的，按照统筹地区职工平均工资的 60% 计算。

第六十五条　公务员和参照公务员法管理的事业单位、社会团体的工作人员因工作遭受事故伤害或者患职业病的，由所在单位支付费用。具体办法由国务院社会保险行政部门会同国务院财政部门规定。

第六十六条　无营业执照或者未经依法登记、备案的单位以及被依法吊销营业执照或者撤销登记、备案的单位的职工受到事故伤害或者患职业病的，由该单位向伤残职工或者死亡职工的近亲属给予一次性赔偿，赔偿标准不得低于本条例规定的工伤保险待遇；用人单位不得使用童工，用人单位使用童工造成童工伤残、死亡的，由该单位向童工或者童工的近亲属给予一次性赔偿，赔偿标准不得低于本条例规定的工伤保险待遇。具体办法由国务院社会保险行政部门规定。

前款规定的伤残职工或者死亡职工的近亲属就赔偿数额与单位发生争议的，以及前款规定的童工或者童工的近亲属就赔偿数额与单位发生争议的，按照处理劳动争议的有关规定处理。

第六十七条　本条例自 2004 年 1 月 1 日起施行。本条例施行前已受到事故伤害或者患职业病的职工尚未完成工伤认定的，按照本条例的规定执行。

7. 职业健康监护管理办法

（卫生部令第 23 号）

第一条　为了规范职业健康监护工作，加强职业健康监护管理，保护劳动者健康，根据《中华人民共和国职业病防治法》（以下简称《职业病防治法》），制定本办法。

第二条　本办法所称职业健康监护主要包括职业健康检查、职业健康监护档案管理等内容。

职业健康检查包括上岗前、在岗期间、离岗时和应急的健康检查。

第三条　用人单位应当建立健全职业健康监护制度，保证职业健康监护工作的落实。

第四条　用人单位应当组织从事接触职业病危害作业的劳动者进行职业健康检查。

劳动者接受职业健康检查应当视同正常出勤。

第五条　职业健康检查由省级卫生行政部门批准从事职业健康检查的医疗卫生机构（以下简称体检机构）承担。

职业健康检查结果应当客观、真实，体检机构对健康检查结果承担责任。

第六条　用人单位应当组织接触职业病危害因素的劳动者进行上岗前职业健康检查。

用人单位不得安排未经上岗前职业健康检查的劳动者从事接触职业病危害因素的作业；不得安排有职业禁忌的劳动者从事其所禁忌的作业。

第七条　用人单位不得安排未成年工从事接触职业病危害的作业；不得安排孕期、哺乳期的女职工从事对本人和胎儿、婴儿有危害的作业。

第八条　用人单位应当组织接触职业病危害因素的劳动者进行定期职业健康检查。

发现职业禁忌或者有与所从事职业相关的健康损害的劳动者，应及时调离原工作岗位，并妥善安置。

对需要复查和医学观察的劳动者，应当按照体检机构要求的时间，安排其复查和医学观察。

第九条　用人单位应当组织接触职业病危害因素的劳动者进行离岗时的职业健康检查。

用人单位对未进行离岗时职业健康检查的劳动者，不得解除或终止与其订立的劳动合同。

用人单位发生分立、合并、解散、破产等情形的，应当对从事接触职业病危害作业的劳动者进行健康检查，并按照国家有关规定妥善安置职业病病人。

第十条　用人单位对遭受或者可能遭受急性职业病危害的劳动者，应当及时组织进行健康检查和医学观察。

第十一条　体检机构发现疑似职业病病人应当按规定向所在地卫生行政部门报告，并通知用人单位和劳动者。

用人单位对疑似职业病病人应当按规定向所在地卫生行政部门报告，并按照体检机构的要求安排其进行职业病诊断或者医学观察。

第十二条　劳动者职业健康检查和医学观察的费用，应当由用人单位承担。

第十三条　职业健康检查应当根据所接触的职业危害因素类别，按《职业健康检查项目及周期》的规定确定检查项目和检查周期。需复查时可根据复查要求相应增加检查项目。

第十四条　职业健康检查应当填写《职业健康检查表》，从事放射性作业劳动者的健康检查应当填写《放射工作人员健康检查表》。

第十五条　体检机构应当自体检工作结束之日起 30 日内，将体检结果书面告知用人单位，有特殊情况需要延长的，应当说明理由，并告知用人单位。

用人单位应当及时将职业健康检查结果如实告知劳动者。

发现健康损害或者需要复查的，体检机构除及时通知用人单位外，还应当及时告知劳动者本人。

第十六条　体检机构应当按统计年度汇总职业健康检查结果，并将汇总材料和患有职业禁忌症的劳动者名单，报告用人单位及其所在地县级卫生行政部门。

第十七条　用人单位应当建立职业健康监护档案。

职业健康监护档案应包括以下内容：

（一）劳动者职业史、既往史和职业病危害接触史；

（二）相应作业场所职业病危害因素监测结果；

（三）职业健康检查结果及处理情况；

（四）职业病诊疗等劳动者健康资料。

第十八条　用人单位应当按规定妥善保存职业健康监护档案。

第十九条　劳动者有权查阅、复印其本人职业健康监护档案。劳动者离开用人单位时，有权索取本人健康监护档案复印件；用人单位应当如实、无偿提供，并在所提供的复印件上签章。

第二十条　用人单位违反《职业病防治法》及本办法的规定，未组织职业健康检查、建立职业健康监护档案或者未将检查结果如实告知劳动者的，由卫生行政部门责令限期改正，给予警告，可以并处 2 万元以上 5 万元以下的罚款。

第二十一条　用人单位违反《职业病防治法》及本办法的规定，有下列行为之一者，由卫生行政部门责令限期治理，并处 5 万元以上 10 万元以下的罚款；情节严重或者造成健康损害后果的，可处 10 万元以上 30 万元以下的罚款：

（一）安排未经职业健康检查的劳动者从事接触职业病危害的作业的；

（二）安排未成年工从事接触职业病危害的作业的；

（三）安排孕期、哺乳期女职工从事对本人和胎儿、婴儿有危害作业的；

（四）安排有职业禁忌症的劳动者从事所禁忌的作业的。

第二十二条　违反《职业病防治法》及本办法的规定，医疗卫生机构未经批准擅自从事职业健康检查的，由卫生行政部门责令立即停止违法行为，没收违法所得；违法所得5000元以上的，并处违法所得2倍以上10倍以下的罚款；没有违法所得或者违法所得不足5000元的，并处5000元以上5万元以下的罚款；情节严重的，对直接负责的主管人员和其他直接责任人员，依法给予降级、撤职或者开除的处分。

第二十三条　承担职业健康检查的医疗卫生机构违反《职业病防治法》及本办法的规定，有下列行为之一的，由卫生行政部门责令立即停止违法行为，给予警告，没收违法所得；违法所得5000元以上的，并处违法所得2倍以上5倍以下的罚款；没有违法所得或者违法所得不足5000元的，并处5000元以上2万元以下的罚款；情节严重的，由原批准机关取消其相应的资格；对直接负责的主管人员和其他直接责任人员，依法给予降级、撤职或者开除的处分；构成犯罪的，依法追究刑事责任：

（一）超出批准范围从事职业健康检查的；

（二）不按规定履行法定职责的；

（三）出具虚假证明文件的。

第二十四条　用人单位和医疗卫生机构违反《职业病防治法》及本办法规定，未报告职业病、疑似职业病的，由卫生行政部门责令限期改正，给予警告，可以并处10000元以下的罚款；弄虚作假的，并处2万元以上5万元以下的罚款；对直接负责的主管人员和其他直接责任人员，可以依法给予降级或者撤职的处分。

第二十五条　本办法自2002年5月1日起施行。

8. 劳动防护用品监督管理规定

(国家安全生产监督管理总局令第 1 号)

第一章 总 则

第一条 为加强和规范劳动防护用品的监督管理,保障从业人员的安全与健康,根据安全生产法及有关法律、行政法规,制定本规定。

第二条 在中华人民共和国境内生产、检验、经营和使用劳动防护用品,适用本规定。

第三条 本规定所称劳动防护用品,是指由生产经营单位为从业人员配备的,使其在劳动过程中免遭或者减轻事故伤害及职业危害的个人防护装备。

第四条 劳动防护用品分为特种劳动防护用品和一般劳动防护用品。

特种劳动防护用品目录由国家安全生产监督管理总局确定并公布;未列入目录的劳动防护用品为一般劳动防护用品。

第五条 国家安全生产监督管理总局对全国劳动防护用品的生产、检验、经营和使用的情况实施综合监督管理。

省级安全生产监督管理部门对本行政区域内劳动防护用品的生产、检验、经营和使用的情况实施综合监督管理。

煤矿安全监察机构对监察区域内煤矿企业劳动防护用品使用情况实施监察。

第六条 特种劳动防护用品实行安全标志管理。特种劳动防护用品安全标志管理工作由国家安全生产监督管理总局指定的特种劳动防护用品安全标志管理机构实施,受指定的特种劳动防护用品安全标志管理机构对其核发的安全标志负责。

第二章 劳动防护用品的生产、检验、经营

第七条 生产劳动防护用品的企业应当具备下列条件:

(一) 有工商行政管理部门核发的营业执照;

(二) 有满足生产需要的生产场所和技术人员;

（三）有保证产品安全防护性能的生产设备；

（四）有满足产品安全防护性能要求的检验与测试手段；

（五）有完善的质量保证体系；

（六）有产品标准和相关技术文件；

（七）产品符合国家标准或者行业标准的要求；

（八）法律、法规规定的其他条件。

第八条　生产劳动防护用品的企业应当按其产品所依据的国家标准或者行业标准进行生产和自检，出具产品合格证，并对产品的安全防护性能负责。

第九条　新研制和开发的劳动防护用品，应当对其安全防护性能进行严格的科学试验，并经具有安全生产检测检验资质的机构（以下简称检测检验机构）检测检验合格后，方可生产、使用。

第十条　生产劳动防护用品的企业生产的特种劳动防护用品，必须取得特种劳动防护用品安全标志。

第十一条　检测检验机构必须取得国家安全生产监督管理总局认可的安全生产检测检验资质，并在批准的业务范围内开展劳动防护用品检测检验工作。

第十二条　检测检验机构应当严格按照有关标准和规范对劳动防护用品的安全防护性能进行检测检验，并对所出具的检测检验报告负责。

第十三条　经营劳动防护用品的单位应有工商行政管理部门核发的营业执照、有满足需要的固定场所和了解相关防护用品知识的人员。经营劳动防护用品的单位不得经营假冒伪劣劳动防护用品和无安全标志的特种劳动防护用品。

第三章　劳动防护用品的配备与使用

第十四条　生产经营单位应当按照《劳动防护用品选用规则》（GB11651）和国家颁发的劳动防护用品配备标准以及有关规定，为从业人员配备劳动防护用品。

第十五条　生产经营单位应当安排用于配备劳动防护用品的专项经费。

生产经营单位不得以货币或者其他物品替代应当按规定配备的劳动防护用品。

第十六条　生产经营单位为从业人员提供的劳动防护用品，必须符合国家标准或者行业标准，不得超过使用期限。

生产经营单位应当督促、教育从业人员正确佩戴和使用劳动防护用品。

第十七条　生产经营单位应当建立健全劳动防护用品的采购、验收、保管、发放、使用、报废等管理制度。

第十八条　生产经营单位不得采购和使用无安全标志的特种劳动防护用品；购买的特种劳动防护用品须经本单位的安全生产技术部门或者管理人员检查验收。

第十九条　从业人员在作业过程中，必须按照安全生产规章制度和劳动防护用品使用规则，正确佩戴和使用劳动防护用品；未按规定佩戴和使用劳动防护用品的，不得上岗作业。

第四章　监督管理

第二十条　安全生产监督管理部门、煤矿安全监察机构依法对劳动防护用品使用情况和特种劳动防护用品安全标志进行监督检查，督促生产经营单位按照国家有关规定为从业人员配备符合国家标准或者行业标准的劳动防护用品。

第二十一条　安全生产监督管理部门、煤矿安全监察机构对有下列行为之一的生产经营单位，应当依法查处：

（一）不配发劳动防护用品的；

（二）不按有关规定或者标准配发劳动防护用品的；

（三）配发无安全标志的特种劳动防护用品的；

（四）配发不合格的劳动防护用品的；

（五）配发超过使用期限的劳动防护用品的；

（六）劳动防护用品管理混乱，由此对从业人员造成事故伤害及职业危害的；

（七）生产或者经营假冒伪劣劳动防护用品和无安全标志的特种劳动防护用品的；

（八）其他违反劳动防护用品管理有关法律、法规、规章、标准的行为。

第二十二条　特种劳动防护用品安全标志管理机构及其工作人员应当坚持公开、公平、公正的原则，严格审查、核发安全标志，并应接受安全生产监督管理部门、煤矿安全监察机构的监督。

第二十三条　生产经营单位的从业人员有权依法向本单位提出配备所需劳动防护用品的要求；有权对本单位劳动防护用品管理的违法行为提出批评、检举、控告。

安全生产监督管理部门、煤矿安全监察机构对从业人员提出的批评、检举、控告，经查实后应当依法处理。

第二十四条　生产经营单位应当接受工会的监督。工会对生产经营单位劳动防护用品管理的违法行为有权要求纠正，并对纠正情况进行监督。

第五章　罚　则

第二十五条　生产经营单位未按国家有关规定为从业人员提供符合国家标准或者行业标准的劳动防护用品，有本规定第二十一条第（一）（二）（三）（四）（五）（六）项行为的，安全生产监督管理部门或者煤矿安全监察机构责令限期改正；逾期未改正的，责令停产停业整顿，可以并处五万元以下的罚款；造成严重后果，构成犯罪的，依法追究刑事责任。

第二十六条　生产或者经营劳动防护用品的企业或者单位有本规定第二十一条第（七）（八）项行为的，安全生产监督管理部门或者煤矿安全监察机构责令停止违法行为，可以并处三万元以下的罚款。

第二十七条　检测检验机构出具虚假证明，构成犯罪的，依照刑法有关规定追究刑事责任；尚不够刑事处罚的，由安全生产监督管理部门没收违法所得，违法所得在五千元以上的，并处违法所得二倍以上五倍以下罚款，没有违法所得或者违法所得不足五千元的，单处或者并处五千元以上二万元以下的罚款，对其直接负责的主管人员和直接责任人员处五千元以上五万元以下的罚款；给他人造成损害的，与生产经营单位承担连带赔偿责任。

对有前款违法行为的检测检验机构，由国家安全生产监督管理总局撤销其检测检验资质。

第二十八条　特种劳动防护用品安全标志管理机构的工作人员滥用职权、玩忽职守、弄虚作假、徇私舞弊的，依照有关规定给予行政处分；构成犯罪的，依法追究刑事责任。

第六章　附　则

第二十九条　进口的一般劳动防护用品的安全防护性能不得低于我国相关标准，并向国家安全生产监督管理总局指定的特种劳动防护用品安全标志管理机构申请办理准用手续；进口的特种劳动防护用品应当按照本规定取得安全标志。

第三十条　各省、自治区、直辖市安全生产监督管理部门可以根据本规定，制定劳动防护用品监督管理实施细则，并报国家安全生产监督管理总局备案。

第三十一条　本规定自 2005 年 9 月 1 日起施行。

参考资料及说明

[1]《中华人民共和国宪法》（2018 年修正文本），本书中简称《宪法》

[2]《中华人民共和国公司法》（根据 2018 年 10 月 26 日第十三届全国人民代表大会常务委员会第六次会议《关于修改〈中华人民共和国公司法〉的决定》第四次修正），本书中简称《公司法》

[3]《中华人民共和国全民所有制工业企业法》（1988 年 4 月 13 日第七届全国人民代表大会第一次会议通过根据 2009 年 8 月 27 日第十一届全国人民代表大会常务委员会第十次会议《关于修改部分法律的决定》修正），本书中简称《企业法》

[4]《中华人民共和国工会法》（根据 2021 年 12 月 24 日第十三届全国人民代表大会常务委员会第三十二次会议《关于修改〈中华人民共和国工会法〉的决定》第三次修正），本书中简称《工会法》

[5]《中华人民共和国劳动法》（根据 2018 年 12 月 29 日第十三届全国人民代表大会常务委员会第七次会议《关于修改〈中华人民共和国劳动法〉等七部法律的决定》第二次修正），本书中简称《劳动法》

[6]《中华人民共和国劳动合同法》（根据 2012 年 12 月 28 日第十一届全国人民代表大会常务委员会第三十次会议《关于修改〈中华人民共和国劳动合同法〉的决定》修正），本书中简称《劳动合同法》

[7]《中华人民共和国社会保险法》（根据 2018 年 12 月 29 日第十三届全国人民代表大会常务委员会第七次会议《关于修改〈中华人民共和国社会保险法〉的决定》修正），本书中简称《社会保险法》

[8]《中国工会章程》（中国工会第十八次全国代表大会部分修改，2023 年 10 月 12 日通过）

[9]《全民所有制工业企业职工代表大会条例》（1986 年 9 月 15 日国务院发布），本书中简称《职工代表大会条例》